ESTUDIOS de las
EVIDENCIAS
CRISTIANAS

Estudios de las Evidencias Cristianas

Alice E. Luce

Hacia un nuevo Milenio

La misión de EDITORIAL VIDA es proporcionar los recursos necesarios a fin de alcanzar a las personas para Jesucristo y ayudarlas a crecer en su fe.

© 1976 EDITORIAL VIDA
Miami, Florida 33166

Diseño de cubierta: *Gustavo A. Camacho*

Reservados todos los derechos.

ISBN 0-8297-0554-6

Categoría: *Evidencias cristianas*

Impreso en Estados Unidos de América
Printed in the United States of America

03 04 05 06 ❖ 19 18 17 16 15

INDICE

	Prefacio	7
1.	La doctrina y las evidencias	9
2.	La existencia de Dios	19
3.	Conceptos erróneos acerca de Dios	26
4.	El evolucionismo	35
5.	El silencio de Dios	43
6.	La revelación de Dios al hombre	49
7.	La razón del hombre y la revelación ...	56
8.	Jesucristo: la evidencia suprema	62
9.	La evidencia de los milagros	72
10.	Los milagros del Nuevo Testamento ...	79
11.	La resurrección de Jesús	86
12.	La evidencia de la profecía	96
13.	Los escritores del Antiguo Testamento	102
14.	Los escritores del Nuevo Testamento ..	110
15.	La conversión de Saulo	117
16.	La evidencia de la historia	123
17.	Algunas dificultades bíblicas	131
18.	La evidencia de la experiencia	138

PREFACIO

En el Estudio de las Evidencias Cristianas, mucho depende de la actitud mental y espiritual del estudiante. En 1 Pedro 3:15 se nos dice que debemos estar siempre preparados para presentar defensa con mansedumbre y reverencia ante todo el que demande razón de la esperanza que hay en nosotros. Debemos recordar siempre que no hay razón de tener temor de nuestros opositores, sino que debemos temer tan sólo a Dios, y mantener un espíritu humilde, temeroso de fracasar en explicar con fidelidad las verdades que él nos ha encomendado.

El Señor Jesucristo ES LA VERDAD; así que cuando hablamos de defender las doctrinas cristianas, ello significa defenderle a él, pelear por él, y ser buenos soldados de él. En tal lucha no hay lugar para la timidez, sino que siempre debemos mantener las verdades de la Biblia con valor intrépido. El gran predicador inglés, Carlos Spurgeon, dijo un día a sus discípulos: "No tratéis de disculpar a la Palabra de Dios. Es como un león: *soltadlo*, y se defenderá a sí mismo." Estaba profetizado que Cristo sería un blanco de contradicción (Lucas 2:34; Filipenses 1:7, 16; Judas 3).

El resumen de la actiud del estudiante de las evidencias cristianas se halla en las palabras de Pablo: "YO ESTOY PUESTO PARA LA DEFENSA DEL EVANGELIO." El habla también de la *confirmación* del evangelio; y sin duda, cuando el obrero cristiano sale con valor luchando por la defensa de su fe, hallará siempre a su lado al Espíritu de Dios dando la confirmación por medio de las señales que acompañan (Marcos 16:20).

CAPITULO 1

LA DOCTRINA Y LAS EVIDENCIAS

El cristiano verdadero quiere obedecer el mandato de su Salvador, quien dijo: "Escudriñad las Escrituras." Es un deleite buscar en todas partes de la Biblia las enseñanzas divinas, las que, puestas en forma sistemática, se llaman la *doctrina cristiana*.

La palabra *teología* viene de dos palabras griegas que significan *Dios* y *palabra*, o un discurso acerca de Dios. Usamos la palabra *doctrina* para describir las enseñanzas de la Biblia, y la palabra *teología* en un sentido más amplio, abarcando "la ciencia de Dios y las relaciones entre Dios y el Universo" (Strong).

Las doctrinas o enseñanzas divinas están esparcidas en toda la Biblia como flores en un campo grande. El estudiante reverente anda en el campo recogiendo las flores y haciendo ramilletes de ellas. Esto es lo que hace en su estudio de la doctrina. En los días de los apóstoles, éstos vieron muy pronto que en su ministerio no sólo tenían que recoger las enseñanzas de Cristo y arreglarlas en forma sistemática, sino que también tenían que *protegerlas*, porque se levantaban muchos enemigos. Aquí se originó la necesidad de las evidencias cristianas.

Del mismo modo que usamos las palabras doctrina y teología, y la segunda tiene una significación más amplia que la primera; así usamos las palabras evidencias y apologética, la segunda abarca un campo más amplio que la primera. Podemos definir las evidencias como un tema o alegato que prueba que Jesucristo y la cristiandad son todo lo que la Biblia reclama que son. Es una defensa histórica y práctica del conjunto de verdad que Dios nos ha dado (1 Pedro 3:15). La apologética es más amplia y abarca también el aspecto filosófico de esta defensa.

La defensa de su fe ha sido siempre uno de los deberes del cristiano (Tito 1:9; 2:1; 1 Timoteo 4:13-16; 2 Juan 9). La tarea del defensor del cristianismo es una guerra en la cual él siempre puede salir victorioso, porque está luchando al lado de Dios mismo en contra de los enemigos de él. Nunca debe temer al opositor, cuyas palabras son "como las capas de piel de oso usadas por los granaderos para hacerse aparecer feroces". La palabra "evidencia" viene del latín, y significa "lo que hace ver algo con claridad". El valor preeminente de las evidencias cristianas está en que benefician a los creyentes mismos, fortaleciéndoles en su fe, demostrándoles que su posición es inconquistable, y que los ataques de ateos, agnósticos, infieles, unitarios, materialistas, racionalistas y modernistas de toda clase, durante las edades, no han resultado sino en victorias para Cristo y derrota para sus opositores.

El hombre, hecho a la imagen de Dios (Génesis 1:27, 28), tiene en su alma una sed de conocer a su Creador. Esta sed no puede ser saciada por la filosofía, ni por la ciencia, ni por toda la sabiduría de este mundo. "El mundo no conoció a Dios mediante la sabiduría" (1 Corintios 1:21). Veremos en los capítulos que siguen cómo el Creador se dio a conocer a sus criaturas primero en la revelación de su Santa Palabra, y luego, en su revelación perfecta y suprema, en el Dios-Hombre, nuestro Señor Jesucristo (Juan 1:18; 7:45-46; 20:31).

En todo nuestro estudio de las evidencias cristianas debemos acordarnos de que los argumentos que usaremos deben basarse en los hechos. Es posible valernos de las hipótesis y derivar de ellas nuestras conclusiones, pero toda nuestra creencia, en resumidas cuentas, está basada en los hechos. Recordemos, pues, que hay cuatro hechos que no se pueden contradecir, a saber:

(a) *La naturaleza física que nos rodea.* Por mucho que el ateo quisiera negar la existencia del Creador, no puede negar el hecho de que existe el universo. Queda, pues, bajo su responsabilidad demostrar su afirmación de que esta creación llegó a existir sin un Hacedor.

(b) *La revelación de Dios que tenemos en la Biblia.* El modernista dice que manos humanas la compilaron, y que su autoridad es igual a la de cualquier otro libro. A él le cabe la responsabilidad de probar su afirmación, y para ello tiene que explicar cómo unos cuarenta escritores viviendo en varios países distintos y abarcando un período de alrededor de 1.600 años pudieron producir 66 libros grandes y pequeños que reclaman ser escrituras del mismo Dios, que nunca se contradicen, y que se ajustan en un solo libro sagrado de tal modo que no se puede sacar uno sin dejar incompleto el libro entero (véase la prueba de eso en el capítulo 13).

(c) *La experiencia religiosa.* Es otro hecho del que siempre debemos acordarnos. Por mucho que se burle de ella el escéptico, no puede cambiar el hecho de que un hombre borracho y perdido puede verse cambiado en un santo de Dios. ¿A qué se debe ese cambio? Que nos explique el racionalista cómo los ladrones son convertidos en hombres honrados, los mentirosos en hombres de verdad, y leones en corderos, en el sentido figurado de la palabra. Puede ser que ellos no puedan argüir con sus opositores, pero cada uno de ellos puede testificar: "Una cosa sé, que habiendo yo sido ciego, ahora veo" (Juan 9:25).

(d) *La historia cristiana.* He aquí otro hecho del que siempre debemos valernos en la lucha en contra de las fuerzas del error. La cristiandad ha existido ya por casi dos mil años. Tuvo su principio de una manera sumamente humilde. No se valió de fuerza militar para propagarse, como hicieron Mahoma y sus seguidores con la religión mahometana; sin embargo, la fe de Jesucristo se ha diseminado en todas partes del mundo y tiene el mismo poder el día de hoy como en los días de Cristo y sus apóstoles.

Meditando en estos cuatro hechos patentes que no se pueden ocultar, el hombre sincero tiene que confesar que la única causa adecuada para explicarlos satisfactoriamente es una PERSONA. Ha de haber existido un Creador que hizo el universo, que se reveló a sus criaturas en la Biblia, que fue encarnado en su Hijo Jesucristo, y que viene por su Espíritu a morar en los pecadores convertidos, haciéndoles a ellos a su vez manifiestamente una epístola de Cristo, "escrita no con tinta, sino con el Espíritu del Dios vivo" (2 Corintios 3:1-3).

Los apóstoles salieron por el mundo del paganismo con el mensaje del evangelio, revestidos con el poder del Espíritu Santo, y prontos para ganar a toda la humanidad para Cristo. Su actitud puede ejemplificarse en las palabras de Pablo: "¿No soy apóstol? ¿No soy libre? ¿No he visto a Jesús el Señor nuestro? ¿No sois vosotros mi obra en el Señor? ... Contra los que me acusan, esta es mi defensa" (1 Corintios 9:1, 3). Para los que se oponían a su mensaje, bastaba decirles *que él había visto a Cristo en la gloria;* y luego todos creerían lo que les predicaba.

Sin duda, no sólo Pablo, sino todos los discípulos primitivos creían que los gloriosos hechos de que ellos eran testigos serían aceptados por los que les oían; pero no resultó así. Cristo había amonestado a sus discípulos que: "Si a mí me han perseguido, también a vosotros os perseguirán; si han guardado mi palabra, también guardarán la vuestra" (Juan 15:20); y Pablo mismo, después de haber encontrado la oposición de corazones endurecidos en muchas ciudades, escribió de Efeso: "Se me ha abierto puerta grande y eficaz, y muchos son los adversarios" (1 Corintios 16:9).

Vemos pues, que aun en el principio de la dispensación de la gracia hubo una *lucha*, las fuerzas de las tinieblas resistiendo y guerreando contra la luz del evangelio. Los soldados de Cristo en aquel entonces y durante todos los siglos siguientes han tenido que presentar sus evidencias, sus pruebas, y las clarificaciones de su mensaje para refutar a los enemigos de afuera y a los herejes de adentro de la iglesia.

El primer enemigo que resistió el evangelio fue el *judaísmo*, aquel sistema de Ley que había sido dado por Dios mismo en la infancia de la raza humana, no para ser un orden permanente, sino para demostrar la santidad de Dios y de su Ley, la imposibilidad de que el hombre por sus propios esfuerzos la cumpliese, y su necesidad de un Salvador. "De manera que la ley ha sido nuestro ayo, para llevarnos a Cristo, a fin de que fuésemos justificados por la fe" (Gálatas 3:24).

Estúdiese con esmero toda la epístola a los Gálatas, y después lo que Pablo escribió en Romanos, para ver cómo el apóstol presentaba las evidencias del evangelio, y nótese especialmente el pasaje ya citado en Gálatas 3 para ver su respuesta a los que querían imponer la Ley de Moisés sobre los conversos cristianos.

El primer Concilio de la Iglesia, convocado en Jerusalén en el año 50 D.C., se ocupó de este mismo problema, y de los maestros falsos que estaban trayendo el judaísmo dentro de la iglesia (Hechos 15). Pablo se les oponía en todo lugar, pero ellos eran tan astutos y atrevidos que en una ocasión Pedro mismo fue engañado por un corto tiempo. Nótese el espíritu manso con que él recibió la represión pública de Pablo, y cómo *después* manifestó su aprecio por él (Gálatas 2:11-21; 2 Pedro 3:15, 16).

Cuando los cristianos fueron esparcidos por todas partes del mundo entonces conocido, tuvieron que defender su fe en contra de los ataques de otro enemigo, a saber, el *paganismo*. Un buen ejemplo de esta defensa se halla en el discurso de Pablo a los filósofos de Atenas, el centro mismo de la religión y la cultura griegas. Los romanos gobernaban el mundo de aquel entonces por la fuerza de sus ejércitos; pero el idioma y la cultura de los griegos (cuyo imperio había antecedido al de Roma) permanecían todavía. Tanto los romanos como los griegos eran paganos, rindiendo culto a los ídolos.

Puesto en pie sobre el cerro de Marte, donde los filósofos solían congregarse, Pablo les felicitó por su instinto religioso, y por el hecho de que estaban *buscando* a Dios, hasta llegar a edificar un altar AL DIOS NO CONOCIDO. Este altar le dio el punto de contacto con ellos, para predicarles las buenas nuevas de Cristo.

En todos sus discursos a los judíos les traía sus pruebas del Antiguo Testamento. Los paganos empero no sabían nada de las Escrituras, en consecuencia Pablo tuvo que probarles la existencia del Dios verdadero apelando a los hombres creados por él, y a sus propios instintos y conciencia (Hechos 17).

Con el paso de los siglos, muchos enemigos y sistemas falsos se levantaron fuera y dentro de la iglesia de Cristo. En otros capítulos vamos a notar algunos de los sistemas que tenemos que afrontar en estos postreros días. En la Historia de la Iglesia Cristiana se encuentran los pormenores de la lucha en contra de los opositores Lucio (165 D.C.), Celso (178 D.C.), Porfirio (233 D.C.), y Hieróclito (300 D.C.). Los padres apostólicos que les contestaron por escrituras en defensa del cristianismo fueron Agustín, Cirilo, Tertuliano, Justino Mártir, Eusebio, Teófilo, Clemente, Hipólito, Orígenes y otros. Tenían que combatir no sólo los ataques de afuera, sino las herejías sutiles de maestros falsos de la iglesia. Los cristianos de hoy tienen que hacer lo mismo.

Podemos notar aquí unos hechos acerca de la "presunción a favor de toda institución actual" y la "carga de comprobación". No es preciso defender una institución actual hasta que se traiga algún argumento en contra de ella; y el que trae la acusación es el que debe probarla; éste es uno de los principios fundamentales de la ley. Aplicando esta ley a la institución cristiana, podemos aclarar nuestros pensamientos con el resumen que hace el doctor F. W. Ferrar: "(1) Había una presunción fuerte en contra del evangelio cuando por primera vez fue anunciado. Un campesino judío reclamó ser el Mesías prometido, en quien todas las naciones del mundo iban a ser bendecidas. Nadie podía culparse por no creerlo, *hasta que él lo probara*. La carga de comprobación quedaba con Jesús, y él la aceptó (Juan 15:24, compare con Hechos 19:36). (2) El caso en el tiempo actual es completamente opuesto. La cristiandad existe, y cualquiera que niegue su origen divino debe traer razones convincentes por asignarle un origen humano. La carga de comprobación queda al lado del que rechaza el evangelio. Si no fue establecido milagrosamente, como reclama haberlo sido, entonces se hace necesario un milagro mayor, es decir, que fuera instituido por agencias e ingenio humano, a pesar de toda resistencia. (3) Cuando nuestros misioneros llevan el evangelio a los paganos, es evidente que los cristianos mismos tienen que asumir la responsabilidad de comprobación. Los paganos no preguntan cuáles son las acusaciones en contra del cristianismo, sino que demandan razones suficientes para hacerles abandonar la religión de sus antepasados y abrazar la religión nueva."

CAPITULO 2

LA EXISTENCIA DE DIOS

Nadie puede proteger ni defender lo que no tiene. La fe que Judas nos exhorta a defender con tesón fue entregada a los santos, y ellos la han dado a nosotros en las Santas Escrituras (Judas 3). Vamos pues a mirar algunas de las verdades cardinales de nuestra fe, y a notar cómo ellas han sido defendidas durante los siglos pasados. Los argumentos principales para probar esas verdades son los mismos hoy que en los días de los padres apostólicos, quienes se valieron de ellos en sus escrituras; pero cada siglo de experiencia añade más fuerza y más claridad a ellos.

Puede haber dos clases de evidencia, a saber: evidencia demostrativa (como las pruebas matemáticas), y evidencia moral. Es claro que no se puede usar la primera clase para verdades espirituales, pues los argumentos en defensa del evangelio son siempre morales. Hay dos clases de esta evidencia moral, es decir, la exterior y la interior. Las pruebas exteriores se basan en el testimonio y el razonamiento. Las pruebas interiores se basan en las experiencias del cristiano. Su religión es de la cabeza y también del corazón.

Estúdiese Romanos 1:18-25 para ver que en un tiempo los hombres conocían a Dios; pero a causa de la entrada del pecado en el mundo muchos quisieron negar su existencia y no retenerlo en su conocimiento. Ahora vamos a notar algunos de los argumentos para la existencia de Dios, no usando la Biblia sino tratando únicamente de la materia en lo exterior y de la naturaleza humana en lo interior. Hay muchos argumentos, pero para más brevedad vamos a resumirlos en los cuatro más importantes:

(1) *El argumento ontológico*. Este fue formulado primeramente por el obispo Anselmo, quien decía: "Credo ut inteligam" (Yo creo para que yo entienda). Demuestra que tenemos una idea de un Ser perfecto y supremo, y no nos es posible imaginar nada más grande que él. La idea de Dios no podía entrar a la mente del hombre si esa mente no tuviera su origen en él. La mera idea de Dios se nos hace posible porque él mismo está detrás de esa idea. La naturaleza responde a nuestros pensamientos de ella, y nuestros pensamientos responden a ella, por lo tanto ambos de-

ben haber sido hechos por una mente infinita. Es lógico y creíble que este Ser supremo exista.

(2) *El argumento cosmológico.* Santo Tomás de Aquino fue el originador de este pensamiento entre los cristianos; antes de su tiempo había sido empleado por el filósofo griego Aristóteles. Se basa en el hecho del universo —todo lo que vemos en nuestro derredor. Este universo no se hizo a sí mismo, porque cada efecto requiere una causa. Lo relativo demanda lo absoluto. Estamos conscientes de todas nuestras acciones, y sabemos que somos responsables de ellas. En otras palabras, nuestro libre albedrío es la causa de ellas. Debe existir, entonces, una causa de todo lo que vemos en el universo, incluyendo los seres inteligentes y libres, y aquella primera causa debe ser libre y superior a ellos.

"La electricidad es generada por el calor; el calor viene del carbón; el carbón de las antiguas selvas; éstas obtuvieron sus propiedades de los rayos del sol; el calor solar es alimentado de alguna manera misteriosa, probablemente por meteoros, y así, sucesivamente hasta el principio. Ahora, el calor, el carbón, las selvas, y la luz solar —todos los términos mencionados en la serie anterior— son parcialmente causas y parcialmente efectos. De manera que de cada uno debe darse cuenta por alguna cosa anterior. En ninguna parte en el reino ilimitado de la naturaleza material se ha descubierto todavía alguna cosa que sea totalmente causa. Los átomos o fuerzas fundamentales no han sido descubiertos sino supuestos. Sin embargo, aun ellos necesitan una causa anterior para ponerlos en movimiento" (Mullins). No es posible imaginar este universo iniciándose sin la primera gran causa, es decir, Dios.

(3) *El argumento teleológico.* Se basa éste en el orden y designio que se manifiestan en todo el universo. Hemos visto que necesitamos un principio causante, y ahora pasamos adelante a notar que el orden de todas las cosas demanda una causa inteligente que lo diseñó todo. El filósofo Sócrates lo ilustraba por una estatua. Al verla sabemos que tuvo un hacedor y que una mente inteligente la diseñó antes de esculpirla.

Si aceptamos el orden y el diseño en las obras humanas como pruebas de que hubo una mente inteligente detrás de ellas, ¡cuánto más debemos hacerlo con respecto a las obras de Dios! El salmista dice: "El que hizo el oído, ¿no oirá? El que formó el ojo, ¿no verá?" (Salmo 94:9). Cuando vemos el rayo de una rueda, no pensamos en él como un fin en sí mismo, sino en relación con la rueda entera. Ese rayo fue hecho para llenar un determinado lugar, y fue adaptado para ello exclusivamente. No tiene valor en sí mismo sino como una parte necesaria de la rueda.

El orden perfecto que observamos en toda la naturaleza nos habla del designio del Creador, y sin ese orden y designio el universo sería un caos. Todas las cosas fueron designadas para algún fin especial, y cada una llena su propia esfera o círculo de acción sin chocar con otras ni perjudicarlas a ellas. Podemos resumir este argumento diciendo que notamos en todo el universo el orden, el designio, la intención, y el ajuste perfecto de toda la creación, revelando la mente diseñadora del Arquitecto. Testificamos con Pablo que "las cosas invisibles de él, su eterno poder y deidad, se hacen claramente visibles desde la creación del mundo, siendo entendidas por medio de las cosas hechas" (Romanos 1:20).

(4) *El argumento moral.* Este se basa en la conciencia del hombre y su conocimiento de la ley moral, o la distinción entre lo bueno y lo malo. Con este argumento incluimos los que se han llamado argumentos humanos, y también los de la experiencia —en fin, todos los argumentos que podemos sacar del ser hu-

mano y sus experiencias. Este argumento moral es irrefragable, porque cada hombre sabe lo que tiene adentro de su ser, reconoce la supremacía de la conciencia entre sus facultades, y siente la responsabilidad moral de todas sus acciones.

Este sentido del deber implica una relación personal a un gobernador o legislador. Si su conciencia le remuerde al hombre por haber hecho mal o quebrantado alguna ley, es claro que alguien hizo esa ley, algún ser supremo que tenga autoridad sobre toda la raza humana. Cuando hace bien, el hombre siente una paz y tranquilidad en su alma; y cuando hace mal todo es confusión, vergüenza y temor en su ser. "Mostrando la obra de la ley escrita en sus corazones, dando testimonio su conciencia, y acusándoles o defendiéndoles sus razonamientos" (Romanos 2:15).

"Por medio de las operaciones de la conciencia discernimos que estamos sujetos a un Legislador justo que premia y castiga. Somos así puestos en contacto con la actitud moral del Ser en quien vivimos y nos movemos. Hay adentro de nosotros un testimonio inmediato e innegable a su santidad y justicia" (Fisher).

Para resumir lo que nos pueden probar estos cuatro argumentos, podemos afirmar que el *argu-*

mento ontológico nos prueba que la existencia de Dios es cosa creíble; el *argumento cosmológico* nos asegura que de todo lo que existe hubo una causa primera, un Ser Supremo; el *argumento teleológico* prueba que en todo el universo hay orden, designio, intención, y ajuste, que hacen preciso un Ser inteligente y racional que lo diseñó todo; y el *argumento moral* demuestra que de nuestro propio ser y de las experiencias humanas sabemos que hay un Gobernador y Legislador que es santo, justo, y absoluto en su gobierno.

"El principio causante es fundamental a cada uno de los argumentos. La prueba de la evidencia de la voluntad en la naturaleza indica una causa eficiente; que el diseño es una causa de propósito, y que la conciencia es una causa moral. Obsérvese además, el contraste entre los teístas (los que creemos en Dios) y los que niegan su existencia. Estos últimos buscan las formas más bajas posibles de existencia —materia, fuerza, o algo más— y explican todo lo más alto en conceptos de lo más bajo. El teísta invierte el proceso: explica lo inferior en la naturaleza en conceptos de lo más elevado. Los unos están por debajo del nivel personal, mientras que los otros están en ese nivel" (Mullins).

CAPITULO 3

CONCEPTOS ERRONEOS ACERCA DE DIOS

"Las rocas, las montañas, los árboles, las nubes, los planetas, las estrellas, y los soles, son hechos. El mundo que nos rodea es un gran mundo de hechos; pero dentro de nosotros hay otro mundo: nuestros pensamientos, sentimientos, actos voluntarios, y nuestro propio sentido o conocimiento interior; en resumen, nuestra personalidad humana, el mundo interior contrastado con el exterior, es también un mundo positivo, puesto que conocemos las cosas que nos rodean lo mismo que las que están dentro de nosotros" (Mullins).

Así tenemos el mundo de la materia y el mundo del espíritu. Vamos a examinar las teorías que los unen bajo distintas ideas.

(1) *El panteísmo*. El padre del panteísmo moderno fue Benito de Espinosa, quien nació

en Holanda en 1632. El enseñaba que no hay más que una sola substancia universal e impersonal, y que la materia y el espíritu son atributos de ella. Contienen todos los atributos de la perfección, pero siendo nosotros imperfectos y limitados, no podemos ver sino dos de ellos, que son el pensamiento y la extensión; el primer término significando el mundo interior, y el segundo el mundo exterior. Sin embargo, dice el panteísmo, no son dos sino una sola cosa.

Dice que la materia (o la extensión) puede existir en distintos *modos*, es decir, en reposo o en movimiento. El espíritu o pensamiento también tiene sus dos modos: el intelecto y la voluntad.

Para el panteísta, Dios no es una Persona, porque la personalidad implica limitación; sino que él es la base de todas las cosas, y cada cosa que existe es solamente un modo o un atributo de él. El no creó el mundo, y el universo no es un efecto del cual él sea la causa, porque esencialmente él *es* el mundo.

Alguien ha dicho que para el panteísta si se llama a Dios la causa del universo, es sólo "como la manzana es la causa de su color rojo; como la leche es la causa de la blancura, la dulzura y la liquidez; y no como el padre es la causa de la existencia de su hijo, o como el sol es la causa de su calor" (Weber).

No podemos aceptar el panteísmo, porque su creencia radical no es lógica. Cuando dice que no hay más de una sola substancia en todo el universo, se aleja de los hechos conocidos. No podemos conocer un pensamiento sin una persona, y el panteísmo niega la personalidad. Niega la relación de la causa y el efecto, y también otra ley de la ciencia que enseña que debemos dejar los hechos como los encontramos. No podemos ver la personalidad en nosotros mismos y al mismo tiempo negarla en la gran substancia unificadora.

El panteísta no puede reconocer la diferencia entre lo bueno y lo malo, porque si un hombre es una parte de Dios, todos sus actos son actos de Dios. Esta creencia hace al hombre igual con las plantas y los astros, y no hay libertad ni albedrío, sino que todo se manifiesta motivado por el principio interno de la gran substancia unificadora, y eso quita todo refrenamiento de los actos humanos.

Después de ver este desierto y sequedad moral, ¡qué refrigerio nos da mirar el paisaje que nos delinea la Palabra de Dios! Comenzando con nosotros mismos, podemos probar que tenemos la personalidad, la conciencia moral y el libre albedrío. Conocemos lo bueno y lo malo, y sabemos que somos responsables de cada acto, palabra y pensamiento. En cuanto a los hechos del universo, la única hipótesis que puede satisfacer todos nuestros anhelos y explicar todos los hechos es la de un Ser supremo que nos hizo a nosotros y del mismo modo a las demás cosas, quien es una PERSONA a quien podemos conocer y con quien podemos tener comunión.

En nuestro estudio del panteísmo hemos visto su explicación errónea de los dos mundos (el exterior del universo, y el interior del pensamiento), diciendo que los dos son el exterior y el interior de una sola gran substancia unificadora que incluye a Dios y a todo el universo. Ahora vamos a notar brevemente dos teorías erróneas que se basaron sobre los dos mundos ya mencionados: la primera se designa con el nombre de *idealismo*, y la segunda *materialismo*. La primera enseña que el pensamiento es todo e incluye todo lo que existe, y la segunda dice lo mismo acerca de la materia.

(2) *El idealismo*. Se encuentra en algunas de las teorías de los hindúes en la India. Buda enseñaba, y muchos de los hindúes modernos afirman, que toda la diferencia que vemos entre las cosas existe solamente en nuestro

pensamiento. Por ejemplo, veo en un rincón de la casa una cuerda arrollada, y me parece una serpiente. Es a causa de poca luz, o en otras palabras debido a mi ignorancia, que para mí es una serpiente. Al recibir más luz yo sabré que la serpiente no existe. El punto débil de este razonamiento es que aunque no hay serpiente, la cuerda sí existe. Ellos no se fijan en esto.

Los hindúes llevan esta teoría hasta el punto de creer que no existe nada, y vemos así de dónde sacó la Ciencia Cristiana muchas de sus ideas. Los hindúes enseñan que lo que se necesita es el *gyán*, o el conocimiento perfecto; y ellos se sienten en meditación inactiva hasta llegar a conocer (así dicen) que no existe nada, y éste es el estado perfecto llamado por los budistas *nirvana*: cuando uno sabe que todo es pensamiento, con la entrada de más luz y conocimiento podrá comprender que en realidad no hay nada que exista.

(3) *El materialismo*. La teoría que encontramos más a menudo en los países occidentales es el *materialismo*, que en vez de comenzar con el pensamiento, comienza con la materia o el átomo. Dicen que este pequeño granito de materia, juntamente con la fuerza y el movimiento, edificó todo el universo. Niegan

un Ser inteligente que dirigió todo ese desenvolvimiento, y cuando preguntamos entonces cómo sabían los átomos arreglarse para hacer planetas, animales, plantas, hombres y todas las cosas que vemos en derredor, dicen que todo se hizo por la casualidad, por suerte, o por necesidad.

Es casi increíble que hombres inteligentes pudieran sostener una teoría tan baja de sus prendas elevadas, pero así es. Uno de ellos escribió: "Todo estudiante de la naturaleza debe, si piensa consistentemente, llegar a la conclusión de que todas las capacidades comprendidas bajo el nombre de actividades del alma son sólo funciones de la substancia del cerebro, o expresándome en términos más rudos, que el pensamiento tiene con el cerebro la misma relación que la hiel con el hígado" (Vogt).

¿Qué podemos decir al materialista? Primeramente que su punto de partida no es material sino mental. Habla del átomo, de fuerza, y de movimiento, que son meras abstracciones de la mente, que nadie jamás ha visto ni con los más potentes microscopios. Estas construcciones mentales demandan, pues, una mente con existencia previa; en otras palabras, implica la inteligencia superior y suprema de Dios.

En resumen, podemos decir que esta teoría hace al hombre un autómata. Niega lo que bien conocemos, como la voluntad, la conciencia, el poder mental de selección, el intelecto, el conocimiento, y la misma personalidad. Con mil pruebas podemos demostrar que la mente es superior a la materia, lo que el materialismo niega. Dice que todas las cosas vinieron de la materia por la generación espontánea, y ésta nunca ha sido comprobada.

Notemos que la mente usa la materia; pues, ¿no es la mente superior y distinta de ella? Vemos también el instinto religioso en el hombre, y como siempre le sugiere la idea de DIOS y no de los átomos. El materialismo no se puede probar en ninguna manera, y está en contra de todos los hechos de la ciencia.

(4) *El agnosticismo*. Otro enemigo del evangelio es la teoría del agnosticismo, cuyo nombre le fue dado por el profesor Huxley. El agnosticismo se puede describir como una actitud de la mente que niega la posibilidad de conocer a Dios o de saber la verdad acerca del universo. Hay grados en esta ignorancia, porque algunos de sus seguidores dicen que no sabemos y no podemos saber *nada*. Niegan la validez y la realidad de todo conocimiento, negando las demás.

Hay algo en esta creencia parecido a la teoría de los hindúes que hemos notado anteriormente. Ambas nos conducen a un desierto espiritual, sin vestigio de vida. Cuando se les presenta a los agnósticos los hechos del mundo interior y exterior, responden que lo que perciben nuestros sentidos es sólo conocimiento de la apariencia de las cosas, y no de la realidad detrás de ellas. Confiesan que probablemente haya una causa, pero la llaman incognoscible (que no se puede conocer). Al explorar el punto con ellos más adelante, dirán que no saben (y no se puede saber) si esa causa detrás de todas las cosas sea Dios, o la materia, o la substancia universal del panteísmo. Tienen una teoría extraña que nuestra mente cambia todas las cosas que llegan a ella, de tal modo que no podemos ver ninguna cosa como está en realidad, sino que la vemos cubierta con una máscara hecha por nuestro propio pensamiento.

Esta influencia venenosa de la mente cubre toda la naturaleza, sea de plantas, rocas, árboles, hombres o mujeres, y nos hace imposible ver la realidad de las cosas, lo que los agnósticos llaman incognoscible, o imposible de ser conocido. ¿No están los ciegos guiando a los ciegos?

Al tratar con los agnósticos es bueno pedirles una prueba de cada teoría que nos traen, porque en verdad no hay una sola prueba que ellos puedan presentar, por cuanto todas sus ideas son hipótesis y conjeturas sin la más mínima base de verdad. Alguien ha dicho: "Cuando el agnóstico dice que el universo manifiesta una fuerza incognoscible, se contradice a sí mismo: si el universo se manifiesta así, revela la fuerza oculta." ¿Cómo sabe él que hay una cosa incognoscible? Si lo sabe, entonces es cosa conocida.

El agnóstico no niega la existencia de Dios, sino que afirma que no podemos conocerle; y esto en efecto lo niega, porque si hay un Dios omnipresente, omnisciente y omnipotente es imposible que sus criaturas no le conozcan. De este modo todas las teorías del agnóstico se pueden reducir al absurdo. Esta creencia lleva el alma a una desolación total.

CAPITULO 4

EL EVOLUCIONISMO

Ha habido muchas definiciones de la palabra evolución, pero citaremos solamente la que hizo el profesor Herbert Spencer, que "la evolución es una integración de la materia y disipación del movimiento". En otras palabras, es una hipótesis o conjetura que fue sugerida por Charles Darwin, de la cual él se retractó terminantemente antes de su muerte en 1882, aceptando las enseñanzas bíblicas como la base de su fe.

Empero, es triste notar que, aunque el autor de esta conjetura la abandonó en los últimos días de su vida, la influencia de los libros que escribió con anterioridad ha permanecido hasta el día de hoy, y hay muchos profesores y científicos infieles que proclaman esta hipótesis como si fuera verdad, enseñando en muchos colegios y universidades que toda cosa viva que exista principió con una pequeñísima célula o masa de protoplasma, la cual sin ninguna operación de Dios, se desarrolló en otras cosas, primeramente los minerales, luego el mundo vegetal, y de ello los animales, hasta que en el paso de los siglos los monos se desarrollaron hasta ser hombres.

Conocemos cerca de cien substancias que se llaman simples, y los evolucionistas enseñan que ellas fueron producidas por otras cosas más simples durante el paso de millones de años, hasta que su punto de partida fue una "nebulosidad primitiva" que se puso en movimiento y poco a poco produjo todo el universo. Ellos nunca han procurado explicar cómo se hizo una célula o nebulosidad primitiva, ni quién proveyó el movimiento.

Para descubrir el progreso ordenado de la naturaleza se puede emplear la palabra evolución, como el desarrollo del pollo del huevo, de la flor a la semilla, etc. Estas cosas se han derivado actualmente de las otras. ¿Pero quién ha visto a un pez derivarse de una piedra, o a un hombre de un mono? La ley de Dios para las plantas y los animales era que produjeran *según su género* (Génesis 1:11, 24), y en el principio ambas clases de vida, así la inanimada como la animada, vinieron de la mano del Creador mismo. No hay vida en los minerales, ¿cómo pues vinieron ellos a ser plantas? Lo que existe no puede ser el producto de lo que no existe. Una piedra nunca podría llegar a tener conciencia de sí ni la capacidad de pensar, cualesquiera que fueran sus cercanías, ni en un año ni en el paso de edades interminables.

Es bueno comparar el uso que los evolucionistas hacen de su conjetura con los distintivos que tiene la ciencia para el uso de una hipótesis: "Una hipótesis legítima (1) no debe ser inconsistente con los hechos ya averiguados o las inferencias a las cuales conduce; (2) debe ser de tal carácter que admita la comprobación o refutación, o cuando menos que sea considerada más o menos probable por las investigaciones subsiguientes; (3) debe ser aplicable a la descripción o explicación de todos los fenómenos, y si asigna una causa, debe asignar una causa completamente adecuada que la haya producido" (Fowler).

Rechazamos la teoría de la evolución porque (1) crea más dificultades y problemas que los que explica. Nunca ha explicado cómo vino a existir la primera vida para comenzar su proceso de desarrollo. Tampoco ha provisto el enganche entre la vida inanimada y la animada, ni demostrado cuándo tuvo principio el conocimiento de sí mismo. Así los evolucionistas fallan por completo en explicar la existencia de la materia, la fuerza, la capacidad de pensar, y la naturaleza espiritual del hombre.

(2) Porque los científicos más célebres han negado esta teoría, desde Darwin hasta los pro-

fesores Agassiz, Dawson, Bateson y muchos más. El doctor Etheridge, inspector del Museo Británico, dijo: "En todo este gran museo no hay un átomo de evidencia de la trasmutación de las especies. Este museo está lleno de pruebas de la completa falsedad de estas ideas."

(3) Porque algunos hechos acerca del hombre y el abismo impasable entre él y el bruto la niegan: (a) La ausencia de piel protectora como la de los animales; (b) El tamaño del cerebro del hombre en comparación al de los monos más grande; (c) El uso de instrumentos y el hacer fuego, lo que ningún animal hace. El mono más inteligente es solamente un animal; el salvaje más degradado es ciertamente un hombre.

(4) Porque ha causado una degradación terrible en los hombres y las naciones que la han adoptado. Menosprecia el valor de la vida humana, degradando al hombre al nivel de los brutos, multiplica los criminales y mata la vida espiritual.

(5) Si la teoría de la evolución fuera verídica, existirían algunos casos actuales de una especie que está desarrollándose en otra especie. La microbiología provee la mejor esfera de la investigación sobre este particular, puesto que las formas observadas son las células más sencillas, donde un cambio de una forma a otra sería más probable, si tal cambio fuera posible. Además, las células se multiplican rápidamente, de modo

que a veces resultan muchas generaciones en el curso de un solo día. Esto da al científico la oportunidad de observar millares de generaciones; tiempo suficiente para producir cuando menos un pequeño cambio, si es que lo hubiera. Pero los estudios revelan que las formas microscópicas son siempre invariables, no obstante la diferencia en las cercanías o el número de generaciones.

(6) Hay dos casos en la naturaleza (entre muchos) que refutan esta teoría: (a) *Las abejas*. Las abejas obreras poseen en sus cuerpos los instrumentos necesarios para su trabajo. Estos instrumentos no son el producto de la experiencia y el ambiente de las cercanías, como requiere la teoría de la evolución, puesto que ni la reina ni el zángano se ocupan en estas tareas, y la obrera no es capaz de producir cría. La reina, que es la madre de todas, raras veces sale de la colmena. (b) *Los pejesapos*. El científico Tomás Barbour, escribiendo en el *Atlantic Monthly* de marzo de 1943, admite que hay muchas cosas que la teoría de la evolución no puede explicar. Textualmente dice: "Hace poco estuve estudiando un grupo de pejesapos o ranas pescadoras; peces de las aguas profundas en los cuales el primer elemento de la aleta dorsal se ha convertido en una especie de caña de pescar. En algunos esa aleta es capaz de moverse hasta situarse frente a la boca del pez; en el extremo de la raya lleva pequeños filamentos movibles que se retuercen como

gusanos en un anzuelo, con el objeto de engañar a los peces pequeños y llevarlos hasta la boca del pejesapo ... Cito el caso extraordinario ... que presentan estos peces porque me resulta absolutamente imposible comprender cómo se realizó el primer paso; no es posible explicarlo por los medios que tenemos a nuestro alcance. En efecto, la caña de pescar tenía que ser más o menos perfecta desde el principio para que el pez la pudiera usar." Así es como dicho escritor rechaza casi por completo la teoría de la evolución cuando declara al fin del mismo artículo: "Hay muchas partes oscuras en la teoría del evolucionismo. En cuanto a mí, los misterios que nos rodean se me representan en forma tan vívida, que los ateos con su explicación mecanística de la vida me inspiran cierta irritación."

En contraste con esta teoría falsa de la evolución, notaremos ahora lo que nos enseña la Biblia acerca de la creación: La creación es el hecho libre de Dios por el cual en el principio y para su propia gloria él hizo el universo visible e invisible sin usar material preexistente.

Pruebas directas. (a) Génesis 1:1. La palabra hebrea que significa *crear* se usa aquí tres veces: en el v. 1 con respecto a la materia, en el v. 21 con respecto a la vida animal, y en el v. 27 con respecto a la vida humana. Esto indica que hay una sima intransible entre la vida vegetal y la vida animal, y también otra sima entre la vida animal y la vida humana. Excluye la posibilidad de la evolución como se enseña hoy día. (b) Hebreos 11:3. Aquí vemos que el universo no fue hecho de materia preexistente, sino por mandato del Omnipotente.

Pruebas indirectas. Marcos 13:19; Salmo 33:6, 9; Juan 17:5; Efesios 1:4; Salmo 90:2; Proverbios 8:23; Juan 1:1; Colosenses 1:17; Hebreos 9:14. Vemos aquí que las tres Personas de la Santa Trinidad existían antes de que el mundo fuese. El autor de la creación fue Dios el Padre, obrando por su Palabra (Jesucristo, su Hijo unigénito) y su Espíritu. Las tres Personas se mencionan en el Salmo 33:6; el Padre en Génesis 1:1; 1 Corintios 8:6; Efesios 3:9; el Hijo en Juan 1:3; 1 Corintios 8:6; Hebreos 1:2; 11:3; Colosenses 1:16; y el Espíritu en Génesis 1:2; Job 26:13; 33:4.

El hombre fue el resultado de un acto de creación divina e inmediata (Génesis 2:7; Zacarías 12:1). Toda la raza humana descendió de sus primeros padres Adán y Eva (Génesis 1:27, 28; 2:7, 22; 3:20). Los siguientes hechos confirman la narración bíblica de la creación: (a) La historia; (b) las lenguas del mundo; (c) la psicología; y (d) la fisiología. Estas ciencias prueban que todas las naciones y sus idiomas tuvieron un origen común; que retienen características comunes, así mentales como morales; que todas las naciones son capaces de mezclarse por matrimonios; que la temperatura del cuerpo es siempre la misma; y que la sangre humana se puede distinguir por medio del microscopio de la de cualquier animal. Los cuerpos de todas las razas están sujetos a las mismas enfermedades; y la muerte viene a todas de la misma manera.

El origen de la raza humana de una sola pareja envuelve dos grandes verdades: (1) La unidad orgánica de la humanidad en la primera transgresión y también en la salvación provista para la raza en Cristo (Romanos 5:12; 1 Corintios 15:21, 22; Hebreos 2:15-17). (2) La hermandad natural del género humano, y así la obligación de llevar el conocimiento de Cristo a cada miembro de la raza (Hechos 17:26; Hebreos 2:11; Lucas 10:25-37; Mateo 28:18-29; Romanos 1:14-16).

CAPITULO 5

EL SILENCIO DE DIOS

Existen quienes niegan la existencia de Dios a causa de su silencio en muchas ocasiones, y dicen: "Si hubiera Dios no permitiría eso y eso otro." A los tales se les llama infieles, palabra que significa "sin fe". Para contestar a ellos es importante demostrar que el silencio de Dios no prueba ni impotencia ni negligencia de su parte. Por ejemplo, en el caso de la crucifixión de su Hijo amado, Dios guardó silencio mientras su Hijo unigénito era muerto, porque sabía que únicamente de esa manera se podía efectuar la salvación del mundo pecador.

En toda ocasión en que los hombres han criticado el silencio de Dios, podemos ver que hubo una causa, un motivo suficiente para ello. (Estúdiense Job 23:1-10; Salmo 28:1; 35:22, 23; 44:23, 24; 83:1.) El caso de Job puede tomarse como típico de la actitud de todos los santos de su época: los 2.500 años desde Adán hasta Moisés, en que no hubo revelación *escrita* de Dios. Ellos creían firmemente en la existencia, la omnipotencia y la bondad de su Creador, pero tenían en su corazón el anhelo insaciable de conocerle mejor, de oír su voz, de ver sus huellas y de tener comunión más íntima con él.

Podemos escuchar el clamor de los santos de aquel entonces en las palabras de Job: "¡Quién me diera el saber dónde hallar a Dios! ... He aquí yo iré al oriente, y no lo hallaré; y al occidente, y no lo percibiré; si muestra su poder al norte, yo no lo veré; al sur se esconderá, y no lo veré." En las referencias citadas en los Salmos se oye el mismo clamor al Todopoderoso: "Oh Dios, no guardes silencio; no calles, oh Dios, ni te estés quieto."

Podemos discernir la causa principal del clamor de los santos de aquel entonces: era porque el Redentor prometido no había venido. La actitud de los piadosos en todas las edades desde la promesa de Génesis 3:15 hasta la encarnación se resume en las palabras de Jacob: "Tu salvación esperé, oh Jehová" (Génesis 49:18). Y cuando Cristo nació, su venida fue anunciada a todos los que *esperaban la redención* en Jerusalén (Lucas 2:38). El clamor del alma en vista del silencio de Dios se relaciona con el cumplimiento de algunas de sus promesas.

Durante los cuatro milenios antes de la encarnación, Dios se había revelado a los hombres en visiones, en sueños, en voz audible, y por 1.500 años en su Palabra escrita del Antiguo Testamento; pero todavía les faltaba la revelación suprema en su Hijo, la Palabra viviente, Emanuel, *Dios con nosotros*. En él, y sólo en él se satisfacen todos los anhelos del alma humana y se resuelven los misterios y problemas de la vida.

La declaración de Salomón en Eclesiastés 8:11 merece mención especial, porque nos explica cómo los hombres interpretan mal el silencio de Dios. "Por cuanto no se ejecuta luego sentencia sobre la mala obra, el corazón de los hijos de los hombres está en ellos dispuesto para hacer el mal." Ellos saben que lo que hacen es malo, saben que están pecando, y que el juicio de Dios les caerá encima, pero como no cae muy pronto, cobran ánimo en su camino malo y dicen: "No seré movido jamás", "será el día de mañana como éste, o mucho más excelente" (Salmo 10:6; Isaías 56:12).

¿Es lógico culpar a Dios por los accidentes que son causados solamente por la negligencia, descuido, o maldad de los hombres? ¿Acaso conviene al hijo criticar a su padre, o a la criatura culpar a su Creador? (Isaías 29:16; 45:9; 64:8; Jeremías 18:6; Romanos 9:20, 21). Job, en su mortal angustia, había dicho algunas cosas duras, a raíz de las cuales Eliú le reprendió severamente. Pero fue la revelación de Dios mismo lo que le humilló a hacerle clamar: "Yo hablaba lo que no entendía; cosas demasiado maravillosas para mí, que yo no comprendía ... por tanto me aborrezco, y me arrepiento en polvo y ceniza" (Job 42:1-6; Salmo 73:11-26; Juan 9:3; 13:7; 1 Pedro 1:7).

Hay otro pensamiento más profundo que relaciona el silencio de Dios con el libre albedrío del hombre. La libertad moral del ser humano no tan sólo incluye su responsabilidad moral sino también la *limitación de la intervención divina*. Dios hizo al hombre a su propia imagen con libre albedrío, y deja que sus criaturas ejerzan libremente esa voluntad. Esto hace al hombre **responsable** de todas sus acciones.

La Biblia nos enseña que Dios cuida y gobierna todo el universo, y que su gobierno se extiende hasta a las acciones libres de los hombres. "Yo también te detuve de pecar contra mí" (Génesis 20:6; 31:24; Oseas 2:6). Pero por lo general Dios no impide que el hombre peque, sino que guarda silencio. "En lo referente a los mensajeros ... Dios lo dejó, para probarle, para hacer conocer todo lo que estaba en su corazón" (2 Crónicas 32:31; Salmo 81:11-14; Oseas 4:17; Hechos 14:16; Romanos 1:24, 26, 28).

Dos frases en el Salmo 50 nos explican el tratamiento de Dios con el mundo durante esta edad de gracia. Este Salmo describe la segunda venida de Cristo en tres etapas: el rapto de los santos (vs. 4-6); su trato con Israel y la gran tribulación (vs. 7-15); y el juicio de los inicuos (vs. 16-21). Las dos frases significantes son: "Vendrá nuestro Dios y *no callará*", y "Estas cosas hiciste, y yo he callado" (vs. 3, 21).

Es evidente, pues, que durante esta dispensación de gracia Dios está guardando silencio, y que este silencio terminará cuando Cristo venga otra vez. "Luego hablará a ellos en su furor, y los turbará con su ira" (Salmo 2:5). El hombre se ha jactado de sus prodigios, sus conocimientos, y su facultad de manejar el mundo sin Dios. Así, el Omnipotente ha guardado silencio para que el hombre orgulloso manifestase lo que podía hacer, ¡y ha resultado un caos!

Un motivo para el silencio de Dios en cuanto a las aflicciones de su pueblo se halla en su infinito amor. El desea el bienestar eterno nuestro, y tiene que dejarnos pasar por las pruebas necesarias para refinarnos y perfeccionarnos (Job 23:10; Juan 13:7; 1 Pedro 1:7; Santiago 5:1-8; Hebreos 12:4-11). Otro pensamiento interesante puede mencionarse aquí, y es que en toda la Biblia vemos que Dios ejecuta juicio sumario *una vez* para demostrar su actitud hacia tal o cual pecado, y después guarda silencio para con el hombre. Pero al fin su juicio caerá, si no en esta vida, lo será entonces después de la segunda venida de Cristo (Números 15:32-36; 1 Timoteo 5:24).

Notaremos veinte ejemplos de estos escarmientos que Dios nos ha dado en la Biblia, demostrando *lo que él piensa* acerca de varios pecados: (1) Lascivia, Génesis 12:7; (2) Amor al mundo, Génesis 19:26; (3) Inmundicia, Génesis 38:7-10; (4) Idolatría, Exodo 32:26-29; (5) Borrachera, Levítico 10:1-3, 8-10; (6) Blasfemia, Levítico 24:11-16; (7) Maledicencia, Números 12:1-10; (8) Falta de fe, Números 14:39; (9) Rebelión, Números 16:30; (10) Murmuración, Números 16:41-49; (11) Fornicación, Números 25:1-8; (12) Robo a Dios, Josué 7:22-26; (13) Falta de reverencia, 1 Samuel 6:19; (14) Presunción, 2 Samuel 6:6, 7; (15) Falta de discernimiento, 1 Reyes 13:21-24; (16) Codicia, 2 Reyes 5:26, 27; (17) Incredulidad, 2 Reyes 7:18-21; (18) Profecías falsa, Jeremías 28:1-17; 29:22, 32; (19) Orgullo, Daniel 4:29-37; (20) Mentira, Hechos 5:1-11.

CAPITULO 6

LA REVELACION DE DIOS AL HOMBRE

¿Por qué una revelación?

Hemos visto cómo el hombre en su propio ser, sin conocer la Biblia, puede razonar y llegar a la certidumbre de que existe un Ser supremo, el Creador de todo el universo, y de que él es santo, bueno y Todopoderoso. "Porque las cosas invisibles de él, su eterno poder y deidad, se hacen claramente visibles desde la creación del mundo, siendo entendidas por medio de las cosas hechas" (Romanos 1:20). Esto hemos probado por medio de los varios argumentos teológicos que nos han conducido hasta este punto.

Sin embargo, estos argumentos no satisfacen ni apagan la sed del alma. Queremos no sólo saber que existe un Dios sino también *conocerle*. En las palabras de San Agustín: "Tú nos has hecho para ti mismo, y nuestro corazón no tiene sosiego hasta que descanse en ti."

La imagen de Dios en el hombre le hace *capaz* de conocer a Dios, pero ¿cómo puede hallar a su Creador? "¡Quién me diera el saber dónde hallar a Dios!" ha sido el clamor amargo del alma sedienta que tiene que responder "¡No!" a la pregunta: "¿Descubrirás tú los secretos de Dios?" (Job 11:7). Cuán amargamente se queja Job de la imposibilidad de alcanzar a Dios, y de la falta de un Mediador. "No hay entre nosotros árbitro que ponga su mano sobre nosotros dos" (Job 9:33). Este anhelo santo no sólo deseaba una revelación de Dios, sino una revelación *por encarnación*, y eso es lo que Dios otorgó a sus criaturas por medio de su Hijo unigénito Jesucristo.

Es verdad que no hay experiencia de Dios sin una revelación de él. El Creador mismo tiene que extender su mano de amor hacia la criatura, él mismo tiene que hacer posible el contacto. El pecado ha hecho una separación entre Dios y el hombre; pero de tal manera amó Dios al mundo que dio a su Hijo unigénito para ser la escalera que uniera a la tierra con el cielo (Juan 1:51; Génesis 28:12).

Dios quiere que sus criaturas le conozcan (Oseas 6:6). En este asunto él ha tomado la iniciativa, y se ha revelado a los hombres. "Y nadie conoce al Hijo, sino el Padre, ni al Padre conoce alguno, sino el Hijo, y aquel a quien el Hijo lo

LA REVELACIÓN DE DIOS AL HOMBRE 51

quiera revelar" (Mateo 11:27; véase también Salmo 27:8). Podemos notar aquí algunas de las voces que le proclaman: (1) La voz de la creación. Toda la naturaleza nos habla de su Creador (Salmo 19:1-4; Isaías 40:26). (2) La voz de la conciencia (Romanos 1:19). Este instructor interior siempre nos amonesta de la existencia de Dios. (3) La voz de la historia (Job 32:7). Nunca ha habido nación sin alguna idea de un Ser Supremo. (4) La voz de la filosofía. Los hombres de despejada inteligencia en todas las edades han buscado a Dios en sus razonamientos, y muchos de los filósofos más grandes y los más eruditos han sido devotos adoradores de él, porque le encontraron en su Hijo, Jesucristo. (5) La voz del Salvador (Juan 14:5-10). El no sólo nos enseñó la existencia de Dios, sino que la reveló en su propia vida, mediante palabras y hechos.

La revelación es la comunicación directa de la voluntad de Dios al hombre. Podemos tener por la naturaleza misma un cierto conocimiento de un Ser supremo (Romanos 1:19, 20), pero eso se llama más bien inducción (razonando de las partes al todo, o al conjunto). Las Santas Escrituras reclaman ser el conjunto de la verdad que Dios ha dado al hombre *milagrosamente*. Veremos cómo se prueba esto.

Podemos pues definir la revelación como una comunicación sobrenatural de Dios al hombre.

Dos métodos son posibles: (1) *Revelación inmediata,* cuando Dios habla a un individuo; y (2) *Revelación escrita.*

Se objeta al primer método, diciendo que:

(a) Se entremete con el libre albedrío del hombre, porque algunos tendrían que recibirla por fuerza.

(b) Tiene que ser repetida a cada uno.

(c) Abre el camino para la contradicción e impostura.

La revelación escrita tiene estas ventajas:

(a) Es más clara y abierta.

(b) Es más certera.

(c) Es más permanente.

De modo que se ve que la importancia del asunto demanda una relevación escrita.

Podemos notar varios métodos que Dios usó para revelar su voluntad fuera de la revelación escrita:

(1) Señales, como la vara de Moisés (Exodo 4:1-5).

(2) Símbolos, como la columna da nube y fuego (Exodo 13:21, 22; Números 9:15-23).

(3) Sueños como los de José (Génesis 37:5-11).

(4) Comunicaciones cara a cara (Números 12:8).

(5) Los Urim y Tumim, probablemente dos piedras que cambiaban de color cuando Dios revelaba su voluntad, aprobando o desaprobando (Exodo 28:30; Números 27:21).

(6) Suertes (Jonás 1:7).

(7) Visiones (Isaías 6:1).

(8) Milagros (2 Reyes 4:35).

(9) Profecías (2 Reyes 7:1).

(10) Encarnación (Juan 1:14; Hebreos 1:1, 2).

(11) Contestación a la oración (Isaías 38:5).

(12) Acontecimientos providenciales (2 Reyes 8:3-6).

(13) Su voz en el corazón (Isaías 28:22, 23; 30:21).

No conocemos a Dios como es en sí mismo, sino solamente en su acción y efecto en nosotros (Romanos 11:33-36). Es su iniciativa lo que hace posible nuestra respuesta a él. Le amamos porque él nos amó primero (1 Juan 4:19). Nuestra fe misma es don de él (Efesios 2:8; Mateo 16:17). Cuando dice: "El que tiene oído, oiga", es una demanda dirigida a nuestro libre albedrío, a nuestra voluntad, por la gracia infinita de Dios.

La fe es la base de todo descubrimiento y de todo progreso en el conocimiento de Dios. Cristóbal Colón creyó que existía un mundo al occidente, y su fe le hizo paciente para aguantar, esperar y perseverar. Nuestras convicciones fundamentales (por ejemplo, la fe que existimos o que el mundo en derredor nuestro es una realidad y no meramente un sueño) dependen de nuestras *experiencias*. Podemos defender estas convicciones por medio de argumentos, pero la *base* es siempre la experiencia misma. Por tanto, no tengamos vergüenza en nuestra predicación de apelar a la experiencia nuestra ni a la de otros. Es un argumento que nunca puede ser contradicho.

Notemos ahora unos resultados de la revelación de Dios a sus criaturas:

(1) Confianza (Salmo 9:10).

(2) Vida (Juan 17:3).

(3) Amor (Juan 17:25, 26).

(4) Poder (Daniel 11:32).

(5) Gracia (1 Pedro 1:2, 3). Esta incluye todas las bendiciones de la vida cristiana.

La actitud de Dios hacia sus criaturas anhelosas de conocerle se puede comprender por las palabras de Exodo 2:23-25; 3:7, 8. El las ve hundidas en el fango del pecado y clamando por rescate, y contesta: "He oído su clamor ... y he descendido para librarlos." El hombre pecador puede quedarse indiferente al clamor de sus semejantes, pero Dios nunca. La revelación es su respuesta (Isaías 49:15; Salmo 18:4-19). El deseo de Dios de revelarse a sus criaturas se cumplirá plenamente en el milenio, cuando la tierra estará llena del conocimiento de la gloria de Jehová, como las aguas cubren el mar (Salmo 72:19; Habacuc 2:14).

CAPITULO 7

LA RAZON DEL HOMBRE Y LA REVELACION

Mientras estamos estudiando el hecho de la revelación de Dios al hombre, es importante meditar en la parte que tiene el hombre mismo en ella, y bajo qué condiciones Dios se revela a él. El hombre, hecho a la imagen de Dios, tiene la facultad de razonar, lo que le distingue de los animales y le acerca a su Padre celestial (Génesis 1:26-28; Deuteronomio 3:9). El Creador trata a sus criaturas conforme a la razón, y quiere que ellas siempre usen las facultades que él les dio.

Vemos que aun con los pecadores Dios apela a su facultad de razonar. El les llama: "¡Venid pues, y razonemos juntos, dice el Señor!" (Isaías 1:18, Versión inglesa King James). El pecado no es razonable, sino que es una locura, un extravío mental. El hijo pródigo estaba *fuera de sí* hasta que volvió a su padre (Lucas 15:17).

Cuando el salmista *consideró* sus caminos, él también volvió a Dios (Salmo 119:59). Llamando y hablando al cristiano también, Dios apela a su razón al exhortarle al culto *racional* (Romanos 12:1).

La razón del hombre, usando las facultades que Dios le otorgó, ha considerado los argumentos que pusimos en una lista en el capítulo 2 y se ha asegurado de que Dios existe, y que es santo y benévolo hacia todos. Pero eso no satisface al hombre que siente en sí el anhelo de acercarse más a Dios y conocerle mejor. Con más meditación él ve que es razonable creer en una revelación divina milagrosa, porque:

(1) Es posible, en vista de la omnipotencia de Dios.

(2) Es probable, en vista de su bondad y sabiduría.

(3) Es creíble. Aparte de la Biblia (la verdadera revelación divina) vemos que en todas las edades los hombres han estado listos para creer en revelaciones supuestas, tales como los libros sagrados del Oriente, el Corán, el libro de Mormón, Ciencia y Salud, etc. Todo manifiesta el deseo innato de la humanidad para recibir revelaciones de Dios.

(4) Es necesario, en vista de la impotencia e ignorancia del hombre, y sus profundos deseos espirituales.

El libro de Job, escrito por Moisés unos 1.500 años antes de Cristo, describe algunos acontecimientos probablemente 500 años antes de su tiempo, es decir, dos mil años antes de Cristo. Ese libro es de sumo interés para el estudiante de las evidencias, porque describe la vida, los pensamientos, la actitud y los anhelos de los antiguos en los siglos cuando *no había revelación escrita de Dios*. Hemos notado sus clamores en el capítulo 5.

Podemos ahora resumir nuestros pensamientos acerca de la razón del hombre, su capacidad y sus límites.

(1) *La razón descubre la necesidad de una revelación*. Sin duda los santos del tiempo de Job razonaban conforme a los argumentos que hemos presentado en el capítulo 2, y después de todo no estaban satisfechos. Sabían que Dios era superior, infinitamente superior a ellos, pero siempre creían que existía algún punto de contacto. Ellos sabían que él los había hecho, y que los anhelos de conocerle que surgían en sus corazones eran una dádiva de él. Sabían que él era bueno, perfecto, sin mancha de mal, y lleno de compasión; pues también estaban seguros de que él no les hubiera otorgado tales deseos sin intentar satisfacerlos. La actitud de ellos puede verse en las palabras de Job 31:35:

"¡Quién me diera quien me oyese! He aquí mi confianza es que el Omnipotente testificará por mí."

(2) *La razón averigua la existencia de una revelación.* La Biblia es un hecho. Digan lo que digan sus enemigos, existe en el mundo, reclama ser la revelación milagrosa de Dios a los hombres, y está acreditada por millones de hombres en todas partes del mundo. No es preciso que probemos que es la única revelación escrita de Dios, sino que sus enemigos tienen que probar que *no lo es*. La carga de comprobación queda con ellos, porque la razón misma nos prueba, después de una investigación cuidadosa, que la Biblia es todo lo que reclama ser. Esto hemos estudiado ya en nuestro estudio de la Doctrina Cristiana, y vamos a presentar más pensamientos de clarificación en otros capítulos de este libro.

Al comparar la Biblia con los libros que son venerados por las religiones orientales, y también por las modernas, la razón inmediatamente reconoce la superioridad del libro de Dios, rechazando a todos los demás como paja al lado del trigo (Jeremías 23:28). La Biblia contiene la verdad y nada más que la verdad, en tanto que otros libros religiosos, aunque tengan algunas verdades, las han mezclado con muchas mentiras, absurdos, disparates y errores.

(3) *La razón interpreta el significado de la revelación.* No acepta el libro de Dios de una manera ciega, sino que lo examina para indagar lo que dice. La revelación no es contraria a la razón, aunque es superior a ella. Hay muchas cosas divinas que yo no puedo comprender con mis poderes intelectuales tan limitados, pero no por eso las rechazo. Esos poderes intelectuales están buscando un DIOS; y si yo pudiera comprenderle a él perfectamente, sería igual a él. Un dios semejante no me serviría; antes bien, yo busco un Ser infinito, delante del cual yo soy como el polvo menudo en la balanza (Isaías 40:15).

Mi razón, pues, acepta al Dios de la Biblia y estudia su revelación con todo esmero, averiguando lo que dice y creyendo que es la verdad. Es un libro escrito para toda la humanidad, para los pobres e ignorantes, lo mismo que para los ricos e instruidos. El mensaje del amor de Dios hacia el pobre pecador no fue escrito en el lenguaje de los colegios ni universidades, sino en un lenguaje tan simple y claro que un niño puede comprenderlo, y se esconde tan sólo de los sabios y sagaces incrédulos (Mateo 11:25).

(4) *La razón se somete a la autoridad de la revelación.* Después de usar las facultades mentales hasta este punto, es lógico seguir adelante y expresar nuestra adoración y homenaje al Creador que se ha dignado revelarse a sus criaturas. Si Dios ha hablado al hombre, es razonable que éste escuche, escudriñe y obedezca en todo a su Creador (Amós 3:8; 2 Timoteo 3:16, 17). "Nosotros sostenemos los *hechos* eternos que constituyen las más sólidas de todas las realidades, con el contenido de nuestra fe cristiana. Sostenemos también que la única *hipótesis* adecuada para responder por un vasto conjunto de hechos es la hipótesis cristiana; y la comprobación en todas sus formas legítimas en el reino personal y moral puede aplicarse con éxito a la hipótesis" (Mullins).

CAPITULO 8

JESUCRISTO: LA EVIDENCIA SUPREMA

En todos los siglos Dios ha hablado a los hombres, y en el capítulo 6 hemos visto que es su deseo revelarse a sus criaturas. "Dios habiendo hablado muchas veces y de muchas maneras en otros tiempos a los padres por los profetas, en estos postreros días nos ha hablado por el Hijo, a quien constituyó heredero de todo, y por quien asimismo hizo el universo; el cual, siendo el resplandor de su gloria, y la imagen misma de su sustancia, y quien sustenta todas las cosas con la palabra de su poder, habiendo efectuado la purificación de nuestros pecados por medio de sí mismo, se sentó a la diestra de la Majestad en las alturas" (Hebreos 1:1-3).

Dios habló por boca de los profetas, y habló por sus escrituras, pero la obra magna de su revelación, la consumación de todo lo que él quería decir a los hombres, era el Dios-Hombre: Emanuel (Mateo 1:23), la completa y perfecta revelación del Padre en su Hijo unigénito. "El que me ha visto a mí, ha visto al Padre. A Dios nadie le vio jamás; el unigénito Hijo, que está en el seno del Padre, él le ha dado a conocer" (Juan 14:9; 1:18).

En el corto resumen que vamos a dar del ministerio y reclamaciones de Jesús, recuérdese siempre que Dios nos *habló* por medio de él. Hay una relación íntima y una semejanza entre Cristo y las Escrituras. El se llama el Verbo (o Palabra) de Dios. En él tenemos la Palabra viva, y en la Biblia tenemos la Palabra escrita. Del mismo modo como Jesucristo el Verbo es divino-humano, así la Biblia tiene dos elementos, la inspiración divina y los escritores humanos. Jesús el Verbo se hizo carne, vino al mundo para revelar al Padre a los hombres (Juan 1:1-14). Acordémonos en todo este estudio que Jesús tenía estas dos naturalezas. El era el perfecto Dios y perfecto hombre. Los evangelios sinópticos enfatizan la segunda naturaleza y el evangelio de Juan la primera.

Hemos notado que la naturaleza en derredor nuestro nos habla de un Ser supremo que la creó y la sostiene, pero no nos explica todo lo referente a su carácter ni a su voluntad para con nosotros. Vamos ahora a ver cómo Jesús lo hace perfectamente en los evangelios; y notaremos su actitud y sus reclamaciones en cuanto al pecado, en cuanto a la ley de Moisés, en cuanto a la naturaleza, en cuanto a Dios Padre, y en cuanto a la humanidad.

(1) Jesús reclamó estar exento del pecado, y lo perdonaba en otros. Fue el pecado lo que hizo la separación entre Dios y el hombre, y sin establecer un puente sobre esta grande sima, nunca podía hacerse la reconciliación. Para expiar el pecado del hombre fue preciso que hubiera un sacrificio perfecto (Levítico 22:17-25), y eso es lo que Jesús reclamó ser. El escudriñaba el pecado en el corazón de los hombres, y les exhortaba a arrepentirse, pero él mismo nunca vio la necesidad de arrepentirse y jamás confesó haber pecado. Al contrario, a sus enemigos acérrimos les desafió: "¿Quién de vosotros me redarguye de pecado?" (Juan 8:46), y nadie pudo acusarle de nada.

Muchas acusaciones fueron presentadas en contra de Jesús, pero tanto sus jueces como los testigos sabían que eran falsas. Un comentarista célebre dijo que "No podemos pensar ni siquiera en una acusación que no redunda en su favor". Y este Hombre sin mancha de pecado, perdonaba los pecados de otros. Medite en lo que significa esto: que él ejercía la prerrogativa de Dios mismo, que él afirmaba que iba a llevar los pecados de toda la raza humana y hacer expiación por ellos, y también que el perdón de pecados por medio de él iba a predicarse a todo el mundo (Marcos 2:10-12; Mateo 26:28; Lucas 24:45-47).

(2) En cuanto a la ley, Jesús se contrastaba a sí mismo con los demás maestros de ella. El citaba a los judíos los mandatos de Moisés, y muchas veces los contradecía, poniendo su propia enseñanza como una ley superior. "Oísteis que fue dicho: Amarás a tu prójimo, y aborrecerás a tu enemigo. Pero yo os digo: Amad a vuestros enemigos" (Mateo 5:43-48). Léase todo el Sermón del monte para notar otros ejemplos de ese tono autoritativo de Jesús, quien reclamó una autoridad absoluta y suprema.

"Las enseñanzas morales de Moisés eran como vasos llenos parcialmente. Cristo los llenó hasta rebosar con el agua de la vida, y así cumplió con aquellas enseñanzas. Esto es un hecho de la ley ceremonial lo mismo como de la moral, tal cual se menciona en forma particular en la epístola a los Hebreos. En su muerte sacrificial realizó completamente la idea del sacrificio y del sacerdocio, y abrogó para siempre los sacrificios externos en el pecado" (Mullins).

Podemos notar aquí las muchas referencias en las evangelios al *reino* de Dios y que Jesús se anunciaba como su Rey. "No todo el que me dice: Señor, Señor, entrará en el reino de los cielos" (Mateo 7:21-23). El acepta la adoración como su derecho, y reclama la autoridad de decir quiénes pueden entrar en su reino y quiénes no. Reclama también la autoridad sobre los eventos futuros en la providencia de Dios (Mateo capítulos 24 y 25), y lo enfatiza diciendo: "El cielo y la tierra pasarán, pero mis palabras no pasarán."

(3) En cuanto a la naturaleza, vemos que Jesús la dominaba completamente. En otro capítulo vamos a hablar de sus milagros como evidencias, pero aquí notaremos tan sólo su dominio sobre todo el universo, y el hecho de que él reclamaba esta autoridad era una parte de su carácter y su actitud continua. Cuando él sufría hambre, sed o cansancio, no fue porque no tuviera poder de suplir todas sus necesidades con una palabra, sino para demostrarse nuestro Sumo Sacerdote.

"Por lo cual debía ser en todo semejante a sus hermanos, para venir a ser misericordioso y fiel sumo sacerdote en lo que a Dios se refiere, para expiar los pecados del pueblo. Pues en cuanto él mismo padeció siendo tentado, es poderoso para socorrer a los que son tentados" (Hebreos 2:17, 18). Jesús no quería cambiar piedras en panes para su propio uso, pero él multiplicó el almuerzo de un muchachito para alimentar a una multitud con hambre. El andaba sobre las aguas, calmaba las tempestades, hacía pescas milagrosas, sanaba toda clase de enfermedad, y dominaba hasta los demonios y los ejércitos de Satanás.

(4) En lo referente a Dios Padre, no estamos en duda alguna respecto de la relación existente entre él y Jesús. Cuando Jesús fue bautizado por Juan en el río Jordán, vino la voz de Dios Padre que testificó: "Este es mi Hijo amado, en quien tengo complacencia" (Mateo 3:17; Lucas 3:22). En los evangelios sinópticos vemos su comunión continua con el Padre celestial desde la edad de doce años (Lucas 2:49), y la misma voz del cielo vino en la noche de su transfiguración (Mateo 17:5; Marcos 9:7; Lucas 9:35).

La proclamación más clara de su conocimiento del Padre y la autoridad que tenía de revelarle a él se halla en Mateo 11:27: "Todas las cosas me fueron entregadas por mi Padre; y nadie conoce al Hijo, sino el Padre, ni al Padre conoce alguno, sino el Hijo, y aquel a quien el Hijo lo quiera revelar." De su omnipresencia y omnipotencia tenemos testimonio claro en Mateo 18:20 y 28:18-20, juntamente con su reclamación de ser igual a Dios.

Pasando al evangelio de Juan, que fue escrito muchos años después que los sinópticos, encontramos aún más luz acerca de la vida de comunión con Dios que tenía Jesús. El habla todo el tiempo de su Padre; más de cuarenta veces dice que el Padre le envió, y reclama que "porque yo no he hablado por mi propia cuenta; el Padre que me envió, él me dio mandamiento de lo que he de decir, y de lo que he de hablar" (Juan 12:49).

(5) Por último, vamos a citar lo que Jesús reclamaba ser en cuanto a toda la humanidad. Los judíos estaban esperando la venida de su Mesías, y el título "hijo de David" fue usado por Jesús en una ocasión (Marcos 12:35-37). Pero por lo general él se describe a sí mismo como "Hijo del Hombre," demostrando su amor a toda la raza y su carácter como representante y expresión máxima de ella. "Venid a mí todos los que estáis trabajados y cargados, y yo os haré descansar." Bien podemos decir con los alguaciles de los fariseos: "¡Jamás hombre alguno ha hablado como este hombre!" (Juan 7:46).

Aunque Jesús fue hecho a semejanza de los hombres, y hallado en la condición de hombre (Filipenses 2:7, 8), sin embargo era distinto a los demás hombres e infinitamente superior a ellos. No sólo reclamaba ser perfecto, revelador de Dios, y mensajero de él, sino que se ofrecía a sí mismo como objeto de adoración. Hemos visto ya cómo él perdonaba pecados, cambiaba y explicaba la Ley, dominaba toda la naturaleza, y recibía testimonios de igualdad con Dios Padre. Ahora notemos que él aceptaba el homenaje y la adoración de los hombres, y no se puede hallar para él otro lugar sino el de supremacía absoluta en la religión cristiana.

En cuanto a su propia reclamación de ser supremo, dice el autor de *Ecce Homo*: "Consideró la última y más alta decisión sobre los hechos de los hombres, esa decisión a la cual apelan todos los injustamente condenados en los tribunales humanos — que no pesa el hecho solamente, sino los motivos, las tentaciones, las ignorancias, y todas las condiciones complejas del hecho — él consideró, en resumen, que el cielo y el infierno estaban en sus manos" (Seeley).

Vemos en nuestro glorioso Salvador una combinación maravillosa de poder y humildad. El era manso de corazón, y al mismo tiempo Juez de toda la tierra. "La unión de cosas opuestas en perfecto equilibrio y consistencia aparece en Jesús. Otros hombres son fragmentos. El es el hombre completo. El está cansado y dormido en el barco, como lo hubiera estado cualquier apóstol, pero se levanta y con voz de trueno silencia la tempestad. El llora con los demás de corazón quebrantados junto a una tumba, pero llama con voz divina a Lázaro, diciéndole que venga afuera. Se somete a sus aprehensores, como lo hubiera hecho cualquier reo, pero obra un milagro para restituir una oreja cortada y reprende al violento discípulo que la cortó."

Verdaderamente no hubo nadie como el Señor Jesucristo, Hijo del Hombre e Hijo unigénito de Dios. Estas notas acerca de su carácter y reclamaciones pueden ser reforzadas no solamente con citas de los cuatro evangelios, sino también con muchas referencias de las epístolas, especialmente las de Pablo, de donde podemos deducir que su doctrina de la Persona de Cristo fue aceptada universalmente por la iglesia del primer siglo (Romanos 1:3, 4).

Podemos resumir la evidencia de Jesús así:

1. *Su Persona* es única en la historia: de linaje real, nacido de una virgen, criado como carpintero, sin maestro y sin libros, mostrándose en medio de un fanático ambiente judío, conmoviendo a fondo su nación por medio de un ministerio que duró solamente unos tres años, perseguido por las autoridades eclesiásticas y civiles, muerto como malhechor a la edad de

33 años, resucitado de entre los muertos, visto después por más de quinientos testigos, y adorado por millones de santos durante más de diecinueve siglos.

2. *Su carácter*, en su incomparable majestad, santidad, y humildad es la mayor evidencia de su Deidad (Hebreos 7:6).

3. *Sus enseñanzas*, sumamente sencillas y poderosas, han cambiado las corrientes de la historia, y han hecho sentir su influencia en todo el mundo.

4. *Sus milagros* fueron únicos en su género, realizados ante grandes multitudes, con la mayor publicidad y en toda clase de personas, y fueron aceptados como genuinos aun por sus enemigos (Juan 5:36; 7:31).

CAPITULO 9

LA EVIDENCIA DE LOS MILAGROS

El estudio de la Persona y del ministerio de Jesús nos conduce inevitablemente a hacer frente a los milagros que se hallan desde el principio hasta el fin de su vida terrenal. Los ateos dicen que un milagro es una violación de las leyes de la naturaleza, pero debemos protestar que eso no es verdad. Un milagro no viola ninguna ley de la naturaleza, sino que la suspende por medio de una nueva ley o fuerza más alta y más poderosa.

Por ejemplo, cuando alzo un libro en mi mano para que no caiga al suelo, no estoy violando la ley de la gravitación, sino que estoy ejerciendo otra fuerza (la de mi brazo) que es más poderosa que ella. Así, cuando Dios hizo amontonarse y congelarse las aguas del mar Rojo, la ley por la cual el agua siempre busca su propio nivel no fue violada, sino vencida por una ley más poderosa, es decir, la voluntad suprema de Dios (Exodo 15). El Creador de las leyes bien puede cambiarlas o vencerlas con otras fuerzas cuando él quiera. En verdad, su propia existencia y naturaleza como Ser supremo demandan la posibilidad de los milagros.

Podemos decir pues, que un milagro es un evento sobrenatural que manifiesta la presencia de un poder personal más grande que el poder humano, y que se manifiesta para algún fin moral. Lo expresamos así porque es verdad que hay milagros buenos y malos, y éstos pueden ser hechos por el poder de Satanás, el gran enemigo de Dios (Exodo 7:10-12; 2 Timoteo 3:8, 9). Aquí vamos a hablar solamente de los milagros de Dios, las manifestaciones de su gran poder, siempre para fines buenos, ora sean de bendición o de castigo.

Una palabra de amonestación será buena aquí: y es que en nuestro estudio de los milagros nunca debemos sacarlos de su engaste, o sea, de la estructura moral y espiritual en que se encuentran. Tampoco debemos usarlos para probar la veracidad de una doctrina, porque como ya hemos dicho, el milagro puede proceder del cielo o del infierno. Es necesario indagar primero si una doctrina es buena, y sólo entonces los milagros pueden apoyarla y sellarla como divina. Estúdiense Deuteronomio 13:1-5; 18:21, 22; Marcos 6:14; 16:20; Juan 2:11; 5:36; 7:21; 10:25, 32, 38; 14:11, 12;

15:24; Hechos 10:38; 14:3; 19:11; Hebreos 2:4; Apocalipsis 13:13, 14.

Hemos visto ya que el hombre ha menester de una revelación divina, y entonces los milagros son también necesarios, porque el Ser supremo debe ser superior a las leyes de la naturaleza. ¿Cómo podría el hombre creer en un Salvador que no fuera capaz de revelarse a sí mismo y de manifestar su plan de salvación por medio de los milagros? A pesar de esta lógica básica, en todas las edades ha habido enemigos del evangelio que han negado la posibilidad de milagros.

Espinosa, el panteísta, enseñaba que éstos no eran posibles porque Dios y la naturaleza son idénticos, lo que sabemos ser falso de Génesis 1:1 y Juan 1:1-3. Muchos de los evolucionistas de hoy día usan los mismos argumentos insensatos, negando la personalidad de Dios y relegándole así al nivel de sus propias obras. Hemos probado ya por muchos argumentos que el Ser supremo existe aparte de las obras de sus manos, y que él es Todopoderoso.

El filósofo Hume declaraba que los milagros eran imposibles e increíbles, y que ninguna cantidad de testimonios los podían probar. La falsedad de esta aseveración puede comprobarse fácilmente, porque todos convienen que un número suficiente de testigos competentes hacen que un hecho sea digno de confianza. Al enseñar que ningún evento contrario a la naturaleza es creíble, él reduce el argumento al absurdo, porque entonces cualquiera cosa que ocurriera por primera vez sería incapaz de probarse.

A todos los que niegan los milagros alegando que éstos violan las leyes de la naturaleza, podemos decir que el Creador que hizo dichas leyes tiene el derecho y el poder de cambiarlas o suspenderlas, o de imponer sobre ellas otras leyes superiores.

A los que se llaman científicos y procuran explicar todos los milagros de Dios por la operación de las leyes de la naturaleza, podemos pedir que pasen un poco más adelante en sus propios razonamientos. Por ejemplo, dicen que cuando cayó el muro de Jericó, esto no era un milagro sino el resultado natural del ruido que habían hecho los siete sacerdotes con las trompetas. Es cierto que, conforme a las leyes de la naturaleza, un ruido grande y prolongado afloja la mampostería, y el Dios que hizo esa ley la puede emplear cuando quiera. Pero, ¿cómo aconteció que todo el muro se aflojase y cayese a plomo al mismo tiempo? ¿Quién les dijo a los israelitas el momento exacto que ellos tenían que pararse en derredor de Jericó y levantar el grito de victoria? Si no fue un milagro de Dios, entonces ¿quién lo hizo?

Este pensamiento nos trae a la certidumbre de que en el milagro aparece una fuerza exterior, algo o alguien que interrumpe o vence la operación de las leyes naturales. Se puede ver esta verdad con aún más claridad que nunca en los milagros espirituales. Hasta los enemigos del cristianismo conceden que existe el pecado, y no se puede negar que es un desorden contra las leyes de Dios. Se necesita aquí una fuerza de afuera, un poder sobrenatural para lograr la salvación del pecador, porque el pecador, por mucho que se esfuerce, nunca ha podido salvarse a sí mismo.

Gracias a Dios que podemos ver el poder de arriba, la gracia salvadora de Dios, ejerciéndose a favor del pecador desesperado. Si no es el poder milagroso de Dios, entonces ¿qué es lo que cambia el más vil pecador de repente en un hombre santo, humilde, honrado y trabajador? Estos milagros morales que se han visto ya en millones de seres humanos, son señales y pruebas irrefutables de un Salvador omnipotente.

Aquí tenemos la prueba de que los milagros no son una interrupción del orden prescrito por Dios, tendiendo a cambiar el cosmos (mundo) en caos, como dicen los enemigos. Al contrario, es el pecado del hombre, el abuso de su libre albedrío, lo que ha producido el caos y demanda el poder milagroso del Salvador. Podemos ver que los milagros espirituales y también muchos de los físicos son restauradores en su carácter. Vemos que las enfermedades, la muerte, la tristeza y el pecado son innaturales y anormales, y los milagros de sanidad y salvación establecen otra vez el buen orden.

"No es demasiado afirmar que los milagros fueron el *método* de filantropía de Cristo; fueron la acción de aquello para lo cual el evangelio era la expresión. Fueron empleados como medio para bendecir a los hombres en necesidad; fueron la expresión del amor. Lejos de ser meras maravillas y nada más, Jesús ordenó repetidas veces a los recipientes de las bendiciones que se les conferían, que guardaran silencio acerca de ellas. Estas estaban entonces estrechamente conectadas con la renovación moral. El perdón de los pecados y la sanidad de las enfermedades estaban unidos en el mismo acto" (Mullins).

Un anciano consagrado decía que los milagros eran fenómenos de la persona de Cristo, sus costumbres diarias. "No es que los milagros prueban la doctrina, ni que la doctrina haga creíble el milagro, sino que es más bien que como partes de un todo, ellos convienen como el alma y el cuerpo."

Los judíos en el tiempo de Cristo creían firmemente en todos los milagros relatados en el Antiguo Testamento como obras de Dios mismo. Ellos no podían negar la realidad de los milagros de Jesús, por mucho que desearan hacerlo. Al ver los hechos patentes, lo único que les quedaba por hacer era atribuirlos al poder de Satanás (Mateo 9:32-34; 12:22-28; Juan 10:19-21).

En siglos posteriores algunos de los escritores judíos atribuían los milagros de Jesús a fraude, no en el sentido que no eran reales, sino que él había conseguido mediante fraude el Nombre secreto de Jehová y así podía usar su poder como un impostor. Celso, el gran opositor del cristianismo, nunca negó la realidad de los milagros cristianos, sino que los atribuía a la magia.

Al estudiar la historia de la iglesia cristiana durante sus primeros tres siglos, nadie puede ignorar que sus enemigos jamás pudieron negar los milagros. Eran y son hasta el día de hoy *hechos* innegables. De modo que con toda confianza podemos decir que los milagros deben ser aceptados como cualquier otro hecho histórico, y que pueden ser comprobados por las pruebas históricas.

CAPITULO 10

LOS MILAGROS DEL NUEVO TESTAMENTO

Después de considerar la evidencia de los milagros en general, vamos a meditar especialmente en los del Nuevo Testamento y cómo los escritores de las epístolas están de acuerdo con los cuatro evangelios en cuanto al ministerio milagroso de Jesús. Nótese la promesa que él dio a Pedro: "Tú eres Pedro, y sobre esta roca edificaré mi iglesia; y las puertas del Hades no prevalecerán contra ella" (Mateo 16:18). Aquí el Salvador omnipotente promete que él mismo va a edificar la iglesia, lo que demanda su presencia y su operación por medio de su Espíritu durante todos los siglos después de su ascensión.

Los cuatro evangelios nos pintan la vida, el carácter, los ideales, y las obras de Jesús, escrito todo bajo la inspiración directa e infalible del Espíritu Santo, por hombres que habían estado con él (como Mateo y Juan) o acompañado a los apóstoles, como Marcos y Lucas. Cristo mismo prometió esta obra de su Espíritu, y podemos decir que los evangelios son la obra manual de Jesús y que él es su Creador (Juan 14:16, 17,25, 26; 15:20, 21; 16:12, 15). Casi todos los comentadores convienen en creer que los evangelios sinópticos fueron escritos entre los años 60 y 70 D.C.

Aun los que niegan la posibilidad de milagros convienen en creer que el apóstol Pablo escribió las Epístolas a los Romanos, Corintios, y Gálatas, y que ellas fueron escritas *antes de los evangelios sinópticos*. Pues aquí tenemos un campo común con ellos. En Romanos 15:18, 19 Pablo dice que lo que él predicó había sido apoyado por sus milagros, y él aventura todo su sistema religioso sobre el hecho de sus milagros. En 2 Corintios 12:12 él llama a los corintios en calidad de testigos de que él obraba milagros entre ellos. En Gálatas 3:1-5 otra vez habla de la predicación del evangelio acompañada por la operación de milagros.

En estas tres iglesias hubo muchos hombres de inteligencia, como soldados, comerciantes, filósofos, etc. Los tales no se engañan pronto, y si los milagros de Pablo no hubieran sido auténticos y bien referidos, habrían sido contradichos y refutados durante su misma vida.

El mismo argumento puede referirse a los milagros de Jesús. Ninguno de sus contemporáneos jamás procuró negar la realidad de sus milagros, aunque los atribuían al poder de Satanás. Si los fariseos y saduceos, en su rabia furiosa, hubieran podido negar o contradecir la realidad de uno solo entre los miles de milagros hechos por Jesús, ¿no lo habrían hecho con prontitud?

Podemos notar aquí, como base de nuestra fe en los milagros de Pablo, que sus escrituras semejan en muchos puntos a las enseñanzas de Jesús dadas en los evangelios. Compárense el Sermón del monte con Romanos 12, 13, y 14; las profecías y promesas de Jesús acerca del Espíritu Santo con todas las enseñanzas acerca de él en las epístolas; la declaración que Jesús iba a edificar su iglesia con lo que Pablo dice acerca de ella en 1 Corintios 3:16, 17; 12:11-28; 2 Corintios 3:3; Lucas 10:7 con 1 Corintios 9:14; Marcos 10:9 con 1 Corintios 7:10. Podemos ver la misma semejanza en los relatos de la Cena del Señor (Mateo 26:26-29; Marcos 14:22-25; Lucas 22:19-30; 1 Corintios 11:23-34).

Vemos claramente en los cuatro evangelios que Jesús mandó a sus discípulos que después de su ascensión a la gloria ellos saliesen a todas partes del mundo a proclamar las buenas nuevas de su salvación. Su mensaje era universal en carácter y adaptado a las necesidades de toda la raza humana. Se necesitaba no sólo los esfuerzos de los apóstoles mismos, sino un líder especial entre los *gentiles* que llevase su mensaje a todas partes del mundo entonces conocido. Ese líder fue Pablo, que iba predicando la salvación por la cruz y la sangre de Cristo hasta los últimos confines del mundo de aquel entonces.

El espacio nos faltaría para notar aun brevemente el testimonio de Pablo acerca de la persona de Cristo y también sus propias experiencias. Tendremos que citar sólo unas referencias, para que el estudiante las recorra con mucho esmero y oración: Romanos 1:1-7; 9:5; 1 Corintios 8:5, 6; 15:23-25; 2 Corintios 5:21; 8:9; Gálatas 1:15, 16; 2:20. En resumen, del testimonio a los milagros dado por Pablo podemos notar que (1) Cristo había hecho el más grande milagro en la persona de Pablo. (2) La Imagen de Cristo mismo aparece en las enseñanzas de sus apóstoles. (3) Los mismos milagros espirituales aparecieron en los carácteres y vidas de sus conversos. Esto nos trae a la consideración de

Los Milagros Morales

"Cuando alguien me pregunta por qué creo en los milagros, le contesto: ¡Porque los he visto!"

"¿Cuándo?" —me pregunta.

"Ayer mismo" —le contesto.

"¿Dónde?"

—En tal o cual lugar conocí a un hombre que era un borracho consuetudinario, y que fue redimido y regenerado por el poder de un Cristo invisible. Eso era un milagro verdadero.

"El mejor argumento del cristianismo es un cristiano, aunque muchos no se fijan en este hecho. Se aducen más de cincuenta argumentos en favor de los milagros, pero ninguno es tan convincente como éste. Quizá usted mismo, lector, es uno de esos argumentos. Muéstrese delante del mundo inconverso de manera que con su ejemplo solamente pueda convencer a las personas más incrédulas" (España Evangélica).

Un ateo estaba dando un discurso largo en contra de la existencia de Dios, negando todas las verdades del evangelio y aparentemente llevando a sus oyentes consigo. A terminar, ofreció contestar cualquier pregunta. Se levantó una ancianita con traje muy humilde, y subiendo a la plataforma con la Biblia en su mano, le dijo: "Señor, yo fui dejada viuda con ocho niños pequeños, y tuve una lucha tremenda para sostenerlos. En todas mis aflicciones durante muchos años este Libro de Dios y el Salvador que revela, me han sustentado y me han consolado. Quiero preguntar, ¿me puede usted dar algo en sus doctrinas que pueda tomar el lugar de mi Biblia y de mi Salvador Jesucristo?" El ateo no sabía qué decir, pues no tenía nada que ofrecer a la ancianita, y todo el auditorio la aplaudió.

El cristianismo profesa ser una religión salvadora. En otras religiones no existen tales testimonios de milagros morales y espirituales, y en este campo tenemos las evidencias más fuertes de que

Cristo es el único Salvador, y que en sus enseñanzas hay la única esperanza del mundo perdido. "Y en ningún otro hay salvación; porque no hay otro nombre bajo el cielo, dado a los hombres, en que podamos ser salvos" (Hechos 4:12).

Vamos ahora a presentar en breve las doctrinas cardinales de esta fe milagrosa:

(1) La revelación de Dios en todos sus atributos, como el Ser supremo, aparte de sus criaturas, pero cuidando de ellas y revelando en Jesucristo su Palabra viviente y en la Biblia su Palabra escrita.

(2) El hombre, hecho a la imagen de Dios, escogió el camino de Satanás, y su pecado le ha separado de Dios.

(3) El plan de salvación fue hecho en los concilios divinos de la eternidad, y manifestado al hombre en la encarnación del Hijo unigénito de Dios.

(4) Su expiación realizada en la cruz del Calvario es el único medio de Salvación para el hombre.

(5) De parte del pecador se necesita el arrepentimiento y la fe; y el Espíritu de Dios le aplica la sangre preciosa de Jesús, limpiando su pecado y haciendo en él el milagro del nuevo nacimiento.

Podemos resumir así las evidencias cristianas tal como aparecen en las vidas de los pecadores regenerados:

(1) La transformación efectuada en las vidas viciosas.

(2) La influencia civilizadora de los cristianos verdaderos en todas las naciones.

(3) El consuelo y apoyo que da el cristianismo a los afligidos.

(4) La victoria sobre la muerte que no se encuentra en ninguna otra religión. Para todas las demás la muerte es un enemigo terrible, una obscuridad densa e impenetrable, mientras que para el cristiano es un puente que conduce al hijo redimido a la casa de su Padre.

CAPITULO 11

LA RESURRECCION DE JESUS

Vamos ahora a considerar el milagro de milagros, el punto central de toda la predicación de los apóstoles, y aquí podemos aventurar todos nuestros argumentos, diciendo con Pablo que "si Cristo no resucitó, vana es entonces nuestra predicación, vana es también vuestra fe" (1 Corintios 15:14). No sólo los amigos, sino también los enemigos de Jesús en todos los siglos, han reconocido que su resurrección de entre los muertos fue el hecho de mayor importancia en su historia; y por eso lo han atacado con furia indecible. El destrozar la fe en su resurrección es destruir la fe en todos sus milagros.

Primeramente, notemos lo que dice la Biblia acerca de la resurrección de cuerpos muertos:

(a) *Era la esperanza de los santos en el Antiguo Testamento* que después de la muerte sus cuerpos serían resucitados a una vida eterna con Dios. La expresión que "fue recogido a su pueblo" o "fue reunido con sus padres" usada tan a menudo para describir la muerte, incluye en sí la fe de una resurrección final que todos los justos estaban esperando en el lugar de los espíritus, llamado *Seol* en hebreo, y en griego *Hades*.

Abraham es el primero de quien se relata con claridad la fe de resurrección (Génesis 22:5; Hebreos 11:17-19), aunque esa fe está implícita en los nombres dados por Adán a su esposa y por Lamec a su hijo (Génesis 3:20; 5:29). Los santos del Antiguo Testamento no tenían la claridad que nosotros hemos tenido desde la resurrección de Cristo; y sin embargo, ellos guardaban una fe firme en otra vida después de la muerte (Hebreos 11:9; Génesis 49:18; Job 14:14; 19:23-27; Isaías 26:19; Daniel 12:2, 13; Isaías 13:14).

(b) *Hubo unos pocos ejemplos de la resurrección* de muertos a la vida terrenal, pero cada uno de ellos tuvo que morir otra vez (1 Reyes 17:17-24; 2 Reyes 4:18-37; 13:21; Mateo 9:25; Lucas 7:15; Juan 11:43, 44). Todos éstos acontecieron antes de la resurrección de Jesús, y habrá habido muchos más durante su ministerio terrenal (Mateo 11:5). Después de su ascensión ha habido también hasta el día de hoy ejemplos de resurrección de muertos (Hechos 9:41; 20:9-12; Hebreos 11:35).

Pasando ahora a la resurección de Jesús, podemos hacer cinco afirmaciones que describen la fe cristiana:

(1) Que él murió en verdad, y no fue víctima de síncope, de un trance, de engaño, ni de fraude.

(2) Que su cuerpo muerto fue sepultado en una tumba en la presencia de muchos testigos.

(3) Que al tercer día él se levantó, y la tumba quedó vacía.

(4) Que él apareció a lo menos once veces a los suyos, cinco veces el mismo día de su resurrección.

(5) Que después de cuarenta días él ascendió al cielo, a la vista de sus discípulos.

Hay siete puntos importantes que podemos mencionar como conclusiones inmediatas:

(1) La resurrección de Jesús se menciona más de cien veces en el Nuevo Testamento y fue la verdad central del testimonio de los apóstoles (Hechos 1:22; 2:24, 29-32; 3:15, 26; 4:10, 33; 5:31; 17:18; 23:6; Romanos 10:9; 1 Corintios 15:1-28; 2 Timoteo 2:8; Apocalipsis 1:18).

(2) El Cristo resucitado podía comer y beber, y tenía manos, pies, carne, huesos, y toda la apariencia de un hombre (Juan 20:16, 17, 20, 27; Lucas 24:15, 18, 39-43; Hechos 10:40, 41).

(3) Sin embargo, era tan diferente que no se reconocía muy pronto (Juan 20:14, 15; 21:4, 12; Lucas 24:16).

(4) Su cuerpo glorificado podía transportarse en un momento, según su voluntad, y pasar a través de paredes o puertas cerradas. No estaba sujeto a las limitaciones que tienen los cuerpos terrestres (Juan 20:19, 26; Lucas 24:31; Hechos 1:9).

(5) Nuestros cuerpos serán resucitados en la semejanza de su cuerpo glorificado (Filipenses 3:21; 1 Corintios 15:42-50; 2 Corintios 4:14; 1 Tesalonicenses 4:14).

(6) Por medio de su resurrección recibimos su vida eterna, y ésta incluye la curación de nuestras enfermedades (1 Pedro 1:3, 4; Juan 14:19; Romanos 8:11).

(7) Su resurrección es la gran prueba de su Deidad (Romanos 1:4; 4:25). Si él no hubiera resucitado, no habríamos sabido si su sacrificio fue aceptado o no, y así no habría existido prueba convincente de la expiación de nuestros pecados.

Ahora, en defensa de esta fe nuestra, vamos a presentar tres hechos básicos, que son: (a) El relato claro que hace el Nuevo Testamento de que Jesús fue levantado de entre los muertos. (b) La transformación moral de los discípulos que estaban lamentándose y llorando (Marcos 16:10). (c) Los hechos de la historia de la iglesia cristiana.

Durante los siglos subsiguientes, millones han creído en la resurrección y han sido del mismo modo transformados (Romanos 10:9; 12:1, 2).

Aceptando estos tres hechos, que nadie puede negar, vamos a usar la hipótesis de que los escritores del Nuevo Testamento eran hombres competentes y dignos de crédito, y que su relato de la resurrección de Jesús es veraz. Para comprobarlo, tenemos que pasar a la evidencia acerca de los hechos sencillos: primero, que su cuerpo estaba muerto, y luego, que al tercer día estaba vivo. Acordémonos de que la primera clase de evidencia es la de testigos oculares, y la de segundo grado se puede obtener de los que la recibieron de los testigos oculares. Debemos aceptar el testimonio de escritos contemporáneos dignos de confianza, y notar también la fuerza cumulativa de evidencia.

Compárense las cuatro narraciones de los evangelios. El hecho de que Jesús *murió* fue aceptado por todos los historiadores de aquel entonces, entre los cuales podemos mencionar a Josefo el judío, y Tácito el pagano. José de Arimatea (tío de la madre de Jesús) y Nicodemo, ambos miembros del Sanedrín judío, prepararon el cuerpo para la sepultura, y eran testigos oculares de que se trataba de un cuerpo muerto. Uno de los soldados romanos (que tenían la responsabilidad de certificar que los criminales crucificados murieran efectivamente) para estar seguro, traspasó su costado con una lanza, y en el acto salió sangre y agua de la cavidad del corazón.

Otros hechos innegables son que una gran piedra fue colocada a la entrada de la cueva que sirvió de sepultura; que la piedra fue sellada por los romanos; que una guardia de soldados romanos fue puesta día y noche por los fariseos, con el consentimiento de Pilato; y que muy de mañana, el tercer día los guardas asustados corrieron a los sumos sacerdotes, diciendo que Jesús había salido de la tumba. Este sepulcro abierto y vacío es un testigo elocuente hasta el día de hoy.

Muy de mañana el primer día de la semana un grupo de mujeres llegó a la tumba con especias para embalsamar el cuerpo de su amado Salvador. Parece que María Magdalena corrió adelante y viendo la tumba abierta se fue a avisar a los apóstoles. Entre tanto, las demás mujeres llegaron, creyeron el mensaje de los ángeles y salieron. Pedro y Juan vinieron después, y salieron, dejando a María Magdalena llorando cerca de la tumba. Jesús apareció a ella entonces, después a las demás mujeres en su camino, en seguida a Pedro, a los dos en el camino a Emaús y a los diez apóstoles en el aposento alto en la noche. Estas fueron las cinco revelaciones del Señor Jesús en el mismo día de su resurrección.

Antes de considerar otras cinco apariciones más de las que se relatan como sucedidas durante los cuarenta días, será bueno enfatizar el testimonio de las envolturas del cuerpo de Jesús. Fue embalsamado apresuradamente por José y Nicodemo, antes de comenzar su sábado a las 6 p.m. el viernes, con cincuenta kilos de mirra y áloes. Medítese en el gran peso y abundancia de especias, todas envueltas por lienzos en todo el cuerpo, menos en la cabeza, la que estaba envuelta por separado en un sudario. Cuando Pedro y Juan vinieron a la tumba, vieron los lienzos tendidos (la palabra griega empleada significa *enrollados*) en el mismo lugar donde estaba el cuerpo, y el sudario de la cabeza en su lugar respectivo. Jesús había salido de la envoltura sin deshacerla, y allí quedaban en la cueva los lienzos con los cincuenta kilos de especias, sin el cuerpo adentro.

Después de ese glorioso día, Jesús apareció muchas veces a los suyos, cinco relatadas antes de su ascensión: a los once apóstoles después de una semana, a siete de ellos en el lago de Tiberias, a más de quinientos en un monte de Galilea, a Santiago solo, y a todos los discípulos al tiempo de su ascensión; y una aparición más, unos años después, que resultó en la conversión de Saulo el fariseo. Aquí tenemos muchas pruebas convincentes de la resurrección de Jesús que ningún hombre sincero puede negar (Hechos 1:1-3). La resurrección de Jesús es el evento más bien autenticado de la historia antigua.

Notemos ahora algunas de las teorías que los enemigos de Cristo han fabricado para negar la resurrección corporal:

(1) *La teoría del fraude.* Los jefes de los sacerdotes dieron mucho dinero a los soldados de la guardia para propagar la teoría de que sus discípulos habían hurtado al cuerpo de Jesús y proclamado que él había resucitado, sabiendo todo el tiempo que estaba muerto.

Todos concuerdan en el hecho de que los discípulos estaban completamente desesperados después de la muerte de Jesús, y no hacían nada sino llorar y lamentarse. Ni siquiera tenían la idea de que él se levantara de la tumba (con las posibles excepciones de María su madre y María de Betania). No eran, por consiguiente, capaces de ejecutar tal fraude, aun en el caso de haber sido hombres malvados que quisieran engañar a otros. ¿Es posible, acaso, que miles de personas sencillas, honradas y veraces fuesen engañadas de esta manera y dieran sus vidas en apoyo de un fraude semejante? ¡No! Lo que sucedió con ellos es que sus lamentos fueron cambiados en regocijo y su desesperación en una fe indómita *porque le vieron vivo.*

(2) *La teoría del desmayo.* Otros incrédulos dicen que Jesús no murió sino que se desmayó en la tumba, en una condición de síncope, hasta que fue revivificado por el olor de las especias y

el aire libre en el interior del sepulcro. Hemos probado ya que Jesús murió en verdad, y los judíos dicen que en los ungüentos que usaban para embalsamar los cuerpos había veneno fuerte; por consiguiente, de ello habría muerto Jesus muy pronto, aun cuando la lanza del soldado romano no le hubiese traspasado. Cuando él salió triunfante del sepulcro, no estaba débil ni desfalleciente, sino sano y fuerte, con su cuerpo glorificado, las heridas sanadas, y las cicatrices como señales de la absoluta identidad del cuerpo con el que fue colgado de la cruz.

(3) *La teoría de la alucinación.* Los que la sostienen, creen que Jesús murió y quedó muerto, pero que María Magdalena *imaginó* que había oído su voz, y así la fe de todos los cristianos se fundó sobre una ilusión. El carácter de los miles de hombres inteligentes y prácticos que fueron convencidos de que Jesús resucitó constituye una contestación y refutación de esa teoría.

(4) *La teoría del espectro.* Esta creencia falsa está en la raíz del Ruselismo, que enseña que en verdad Jesús murió, y que su cuerpo fue "disuelto en gases", mientras que su espectro (y no otra cosa) fue lo que se apareció a los discípulos. Nótese que su cuerpo glorificado tenía carne y huesos, y que comía y bebía con sus discípulos (Lucas 24:30, 37-43; Hechos 10:41).

(5) *La teoría del mito*. Los que la apoyan creen que Jesús murió y quedó muerto, pero que se suscitaron mitos entre los que le amaban, cuentos de que había resucitado, en los cuales no hubo verdad alguna. Para contradecir esta falsedad, podemos demostrar que los discípulos no esperaban su resurrección, sino que estaban en suma tristeza y desesperación. Lo que les convenció y les quitó toda duda, fue la vista del mismo Jesús en su cuerpo glorificado (Juan 20:24-29; 2 Pedro 1:16).

¿Qué aconteció con el cuerpo de Jesús? Es claro que, ora fue retenido por los discípulos o fue entregado a los judíos, si es que se niega que se levantó vivo de entre los muertos. Si los discípulos lo retuvieron en secreto, al mismo tiempo que proclamaban que había resucitado, eran impostores; deducción que queda refutada por toda la historia. Si lo retuvieron los judíos, ¿por qué no lo exhibieron como evidencia en contra de la proclamación de los cristianos de que él había resucitado?

CAPITULO 12

LA EVIDENCIA DE LA PROFECIA

La profecía, en su sentido de predicción, es un milagro de lenguaje, y consiste en proclamar de antemano los acontecimientos venideros por una comunicación directa de Dios.

Del mismo modo que los milagros apoyan la revelación por demostrar la omnipotencia de Dios, así la profecía cumplida la apoya por demostrar su omnisciencia.

Requisitos para la profecía.

(1) Debe ser una revelación tal del porvenir que ninguna sabiduría ni previsión humana hubiera podido acertar. (2) Debe ser tan detallada que excluye la posibilidad de la conjetura. (3) Debe ser clara y libre de vaguedad. (4) Debe haber bastante tiempo entre la predicción y su

cumplimiento, para excluir la posibilidad de impostura.

Todos estos requisitos son cumplidos en las profecías de la Biblia. Tómese por ejemplo la profecía de Isaías 44:28: "Que dice de Ciro: Es mi pastor, y cumplirá todo lo que yo quiero, al decir a Jerusalén: Serás edificada; y al templo: Serás fundado."

Debemos acordarnos de que estas palabras fueron escritas por el profeta Isaías, que vivía en Jerusalén en el tiempo cuando Asiria, y no Babilonia, dominaba el mundo. Babilonia era en aquel entonces una provincia del imperio de Asiria; y en el tiempo de Isaías el reino de Israel fue llevado cautivo por Asiria. Sin embargo, Isaías predica en muchas partes el ascenso de Babilonia al dominio mundial, y el hecho de que el reino de Judá iba a ser cautivo, no en Asiria sino en Babilonia. Estúdiese bien el contexto del verso que hemos citado, y todo el capítulo 48.

Se verá que esta profecía cumple con el requisito (1) porque Isaías no habría podido adivinar que Asiria sería seguida en su dominio por Babilonia, que ésta llevaría cautivos a los judíos, que Babilonia sería a su turno conquistada por los persas, cuyo rey Ciro proclamaría libertad a los cautivos judíos, ni que ellos reedificarían su templo y su ciudad. Cumple con el requisito (2) porque sus detalles son tan claros que no dejan lugar a dudas, y tan sorprendentes que ningún judío los pudiera inventar. Cumple también con el requisito (3) porque no hay nada de vaguedad. A una nación contenta bajo el gobierno del piadoso rey Ezequías, predice que irá en cautiverio, no a Asiria sino a Babilonia, que su templo y su ciudad capital serán destruidos, y que un gran rey, que dominará a Babilonia, proclamará libertad a los judíos. Cumple la profecía con el requisito (4) porque pasaron ciento cincuenta años antes del cumplimiento. No fueron los judíos a los cuales hablaba Isaías, sino sus hijos y sus nietos los que vieron con sus propios ojos todos los acontecimientos profetizados. Todo fue escrito por la inspiración del Espíritu de Dios, y todo se cumplió al pie de la letra. Conforme a la tradición judía, el profeta Isaías fue aserrado por Manasés, el hijo de Ezequías (Hebreos 11:37), y eso aconteció cuando Babilonia estaba levantándose al lugar de dominio universal. Así fue como el profeta mismo, a pesar de ver cumplirse muchas de sus profecías, murió antes de la conquista y destrucción de Jerusalén, y nunca vio la vuelta del cautiverio.

El valor de la profecía en las evidencias supera al de los milagros por tres razones: (1) No se deriva el testimonio de los que en otros días vieron el milagro, sino que podemos ver el cumplimiento de la profecía con nuestros propios ojos. (2) El testimonio de los milagros no se puede aumentar en fuerza, mientras el de la profecía se aumenta todo el tiempo con nuevos cumplimientos. (3) Hay milagros (por ejemplo, la conversión de un alma) que tan sólo pueden ser apreciados por un cristiano, mientras que el cumplimiento de la profecía es comprendido tanto por los incrédulos como por los creyentes.

Debemos ahora considerar el conjunto de las profecías en el Antiguo Testamento, su cumplimiento en las dos venidas de Cristo, y la historia de los judíos. El judío es el milagro de la historia, y sólo por el cumplimiento de las profecías acerca de su nación se puede explicar su presencia y su condición en el mundo de hoy. Cuando un gran rey de Europa preguntó a su capellán: "¿Puedes darme en una palabra una prueba de la religión cristiana?", este último respondió: "El judío es la prueba." Alguien ha dicho que "los judíos son la encarnación viva de un propósito divino y el cumplimiento de la profecía, pero hacen más: acentúan y singularizan lo sobrenatural y la naturaleza anti-judía y anti-evolucionaria de la fuerza con que ellos chocaron en el cristianismo primitivo".

Si usted estudia todas las profecías del Cristo venidero en el Antiguo Testamento, verá que la mayor parte fue cumplida al pie de la letra cuando él vino al mundo la primera vez. Los detalles de su nacimiento virginal, su manifestación a los magos gentiles, su ministerio terrenal, su muerte expiatoria, su resurrección y ascensión en gloria;

todo fue predicho de una manera tan clara que el hombre reverente no puede dudar el valor de la profecía como evidencia cristiana.

Es preciso trazar el desarrollo de la profecía como una parte del tratamiento de Dios con los judíos, y ver cómo él las estaba educando y enseñando en preparación para la llegada del Mesías prometido. "La ley ha sido nuestro ayo, para llevarnos a Cristo" (Gálatas 3:24). Jesús no fue el resultado de una evolución del sistema judaico, sino que vino por encima de él desde arriba, y lo triste es que los judíos, a quienes Dios Padre había estado educando por tantos siglos, no reconocieron a su Mesías, sino que lo rechazaron y crucificaron.

Pero el ojo de fe puede ver en Jesús el cumplimiento supremo de las profecías y del plan de Dios para la salvación del hombre pecador. El es la corona de todo.

"Algo de Dios está manifestado en las leyes mecánicas de las estructuras inorgánicas; algo más en el crecimiento y flexibilidad de las formas vitales de la planta y el animal; algo más todavía en la razón, la conciencia, el amor y la personalidad del hombre.

"Ahora desde el punto de vista cristiano, la revelación de Dios, la manifestación de las cualidades divinas, llega a su clímax en Cristo. Dios ha expresado en la naturaleza inorgánica su inmensidad, su poder, y su sabiduría; en la naturaleza orgánica ha manifestado también que está vivo; y en la naturaleza humana ha dado una vislumbre de su mente y su carácter. Ninguna de estas primeras revelaciones está abrogada en Cristo; no, al contrario, están reforzadas y reafirmadas; pero llegan a su complemento en la exposición más plena del carácter divino, la personalidad divina, el amor divino" (Gore).

CAPITULO 13

LOS ESCRITORES DEL ANTIGUO TESTAMENTO

Podemos ahora considerar los relatos de los muchos eventos que hemos puesto en lista como evidencias cristianas. Desde el tiempo de Moisés (1500 A.C.) ha existido un libro llamado la Biblia que profesa ser el único escrito por la inspiración directa del Espíritu Santo. Contiene sesenta y seis libros, de los cuales treinta y nueve se llaman el Antiguo Testamento (o pacto), y veintisiete más forman el Nuevo Testamento. Fue acabado a fines del primer siglo D.C. y por casi dos mil años ha sido aceptado como el Libro de Dios por todo el cristianismo.

Cuando hablamos de la *pureza* de algún libro, queremos decir que fue escrito por el autor cuyo nombre lleva, y que no es falso ni adulterado. La *autenticidad* del libro significa que su contenido es verídico. Algunos escritores usan la palabra autenticidad para cubrir ambas cosas. La palabra *credibilidad* quiere decir que los autores y testigos eran competentes y dignos de fe. Puesto que los enemigos de la Biblia niegan su autenticidad y su credibilidad, es bueno que nosotros tengamos, como obreros del Señor, unas pruebas claras para defender nuestra fe en su Libro.

Todos los escritores pueden clasificarse en cinco clases: (a) Hombres buenos, (b) hombres malos, (c) hombres engañados, (d) hombres bajo la influencia de Satanás, y (e) hombres bajo la influencia del Espíritu Santo de Dios.

¿Fueron acaso hombres buenos los que escribieron la Biblia? No; porque ella reclama venir de Dios, y los hombres buenos no podrían decir mentiras ni reclamar ser divino lo que ellos mismos escribieran.

¿La escribieron tal vez hombres malos? Eso también es imposible, porque todas sus verdades gloriosas están demasiado altas para ser concebidas por ellos. Además, la Biblia describe el triste fin de ellos y su eterno castigo. No es posible que hombres malos la escribieran.

¿Acaso fueron los escritores hombres engañados? Muchos de los modernistas de hoy dicen que sí. Enseñan que nunca existieron personas como Job, Abraham, David, etc., sino que tenemos en la Biblia una colección de mitos y cuentos judíos que fueron escritos por hombres humildes y sinceros que estaban engañados, suponiendo que las historias eran verídicas. Al preguntar a los modernistas si Jesús fue persona real o solamente un mito, dicen que sí, que fue real e histórico, que vivió en Palestina, y enseñaba acerca del Antiguo Testamento, pero que él también estaba engañado, participando de la superstición e ignorancia de su tiempo.

A los tales podemos decir que los hombres engañados *no escriben la verdad*. Por medio de las profecías ya cumplidas se puede probar que lo que está escrito en la Biblia es la pura verdad, y sus escritores no se contradicen. Son los modernistas los que están engañados, y ellos se contradicen todo el tiempo los unos a los otros.

¿Fue la Biblia escrita acaso por hombres bajo la influencia de Satanás? Ciertamente no, pues ella revela a Satanás como el adversario de la humanidad. Habla de su caída, su carácter, su historia y su destino en el lago de fuego. Le llama mentiroso, engañador, acusador, adversario, tentador, matador, destructor, serpiente, príncipe de tinieblas, ángel del abismo, león rugiente, etc. Nunca podría él inspirar a los hombres a escribir tales cosas acerca de sí mismo.

Nos queda entonces una sola clase de escritores, es decir, hombres inspirados por el Santo Espíritu de Dios. Esto es lo que la Biblia reclama

Los escritores del Antiguo Testamento 105

y sabemos que es la verdad. Estúdiense 2 Samuel 23:1, 2; Lucas 24:44-48; 2 Timoteo 3:16, 17; 2 Pedro 1:20, 21; Apocalipsis 22:18, 19.

Si las profecías del Antiguo Testamento hubieran sido escritas por hombres que no conocían los eventos del tiempo de Cristo, ellas no habrían podido corresponder con tanta exactitud con dichos eventos. Si hubieran sido forjadas fraudulentamente por cristianos, no habrían sido preservadas ni aceptadas por los judíos. Vemos que ellas *están* preservadas y aceptadas como verídicas por los judíos, y que ellas corresponden exactamente con los eventos de la vida de Jesús; eso nos prueba que fueron escritas *por la inspiración de Dios*.

Todos concuerdan en creer que los libros del Antiguo Testamento fueron preservados por los judíos, un pueblo de grande inteligencia. Todos ellos sabían leer, y en todas las edades sus libros sagrados se vieron sometidos a la crítica más minuciosa, para evitar toda impostura y fraude. Los escribas que los copiaban (antes de la invención de la imprenta) lo hacían con sumo cuidado y esmero, y al encontrar un solo error, aquel manuscrito era quemado inmediatamente. De este modo, la pureza de los treinta y nueve libros fue preservada hasta donde era humanamente posible.

La prueba más convincente de que estos libros son divinamente inspirados es que relatan tantas derrotas, faltas, reincidencias, y pecados nacionales, que ningún judío habría fabricado tal historia de su propia voluntad. Por mera vergüenza, nunca nadie la habría registrado con tanta franqueza y honestidad. Aquí tenemos un testimonio claro de que fue Dios quien la inspiró.

Vaya usted a cualquiera de los grandes museos de antigüedades (como los de Londres y El Cairo) y lea lo que escribieron en ladrillos o pergaminos los reyes de Asiria, Egipto, Babilonia, etc. Ellos no relatan sus derrotas ni fracasos, solamente sus grandes victorias. Y si es una historia de lo que era en verdad simplemente una serie de derrotas, los historiadores la pintan color de rosa, magnificando las grandes hazañas de su rey y reduciendo al mínimo cada fracaso. ¡Cuán distinta es la historia de la nación judía que Dios mismo nos ha dado en el Antiguo Testamento!

El Antiguo Testamento en sus tres divisiones —la Ley, los Profetas y los Salmos— fue ratificado por nuestro Señor Jesucristo como genuino y divinamente inspirado; y este testimonio es suficiente para cada cristiano sincero (Lucas 24:27, 44; Juan 5:39; 10:35). Pero en estos días la crítica de los incrédulos se ha publicado con tanta fuerza que muchos de los estudiantes de nuestros colegios y universidades han sido enseñados que todo el Antiguo Testamento es nada más que una colección de leyendas, fábulas y cuentos erróneos sin nada de verdad histórica. Para los tales es bueno citar algunas de las pruebas que tenemos de las historias del Antiguo Testamento.

En este campo tenemos la voz de la arqueología como el testimonio preeminente. Los imperios de antaño florecieron y pasaron, quedando sus ciudades enterradas y otras levantándose sobre sus ruinas. En estos últimos días, sin embargo, tenemos una ciencia nueva que es muy exacta: la arqueología. El arqueólogo no trata de ideas ni teorías, sino que presenta sus pruebas irrefutables con los artefactos que excava. Dios sabe que en los "postreros días" se levantarían más acusaciones en contra de su Palabra, y dejó sepultadas todas las pruebas arqueológicas para ser excavadas exactamente cuando hubiera necesidad de ellas.

Todas las historias bíblicas que habían sido desechadas como falsas han sido confirmadas al pie de la letra por el testimonio de la arqueología. Uno de los científicos norteamericanos que trabajó por largos años en los campos de excavación en Egipto, Palestina, Mesopotamia, Asiria, etc., ha escrito en su vejez: "De los miles y millares de artefactos excavados que se relacionan directamente con la Biblia, no ha sido hallado jamás uno solo que niegue, contradiga, obscurezca, o deprima una palabra, frase, cláusula, o versículo del Antiguo Testamento, o del Nuevo. Al contrario, todos los artefactos sin falta verifican, confirman, iluminan e ilustran las historias en ellos contenidas" (Kinnaman).

En cuanto a la relación entre el Antiguo y el Nuevo Testamento, podemos notar que hay 263 citas del Antiguo Testamento en el Nuevo, y cerca de 350 alusiones. Todos los libros del Antiguo Testamento son citados en el Nuevo, con la excepción de los siete siguientes: Abdías, Nahum, Eclesiastés, El Cantar de los Cantares, Ester y Nehemías. Los sermones apostólicos relatados en los Hechos fueron edificados sobre el Antiguo Testamento.

En resumen, lo que podemos decir acerca de la pureza y autenticidad de los libros del Antiguo Testamento, es que fueron garantizados por los judíos del tiempo de Esdras, el cual formó el canon del Antiguo Testamento alrededor del año 500 A.C.; fueron acreditados por Jesucristo mismo; y han sido confirmados en todos sus detalles por los descubrimientos de la arqueología. Todo esto es evidencia exterior.

Hay también muchas evidencias interiores que podemos sacar, acerca del lenguaje de cada libro, su estilo literario, los puntos históricos mencionados, y otros datos que prueban que los libros fueron escritos en verdad por los autores y en las fechas asignadas. Podemos también probar por evidencias interiores que los escritores eran: (1) hábiles, (2) verídicos, y (3) dignos de confianza.

(1) La *habilidad* de ellos se manifiesta por (a) el sentido común, juicio sano, e inteligencia

que demuestran. No escriben como entusiastas ni fanáticos; (b) el conocimiento y talentos que manifestan, es muy superior al que poseían sus contemporáneos; (c) el hecho de que los eventos relatados por ellos podían ser averiguados por los sentidos (1 Juan 1:1-3; Juan 20:30, 31).

(2) La *veracidad* de los escritores es probada por (a) la seriedad de que están saturados sus escritos; (b) la espiritualidad de sus enseñanzas; y (c) la ausencia de algún motivo fraudulento o engañoso.

(3) Son *dignos de confianza* porque su habilidad y veracidad ya han sido probadas. Eran capaces de escribir una narración verídica, lo querían hacer y lo hicieron. Porque eran competentes, podían hablar la verdad; y porque eran rectos, era su deber hacerlo.

CAPITULO 14

LOS ESCRITORES DEL NUEVO TESTAMENTO

Mucho de lo que hemos dicho en el capítulo anterior se puede aplicar igualmente al Nuevo Testamento. La Biblia es *un libro,* y su unidad es una de las evidencias sobresalientes de que fue escrito enteramente por la inspiración de Dios. Los ritos y ceremonias del Antiguo Testamento eran tipos de las realidades espirituales reveladas en el Nuevo. Necesitamos la revelación más clara del Nuevo Testamento para comprender esos tipos. En el Antiguo Testamento leemos las profecías del Mesías prometido, y en el Nuevo el cumplimiento exacto de ellas. El Antiguo Testamento se puede resumir en una palabra que es: CRISTO; y el Nuevo en otra palabra que es: JESUS. De este modo vemos que toda la Escritura es la Palabra de Cristo Jesús, esperado

LOS ESCRITORES DEL NUEVO TESTAMENTO

en el Antiguo y visto en el Nuevo Testamento (2 Timoteo 3:16, 17).

Acerca de los escritores del Nuevo Testamento podemos probar:

(1) Que eran casi todos campesinos o pescadores judíos, hombres sinceros, inteligentes y no fanáticos (Hechos 4:13).

(2) Relataron las enseñanzas y los milagros de Jesús en calidad de testigos oculares, y aseveraron que le vieron vivo después de su muerte en la cruz (Hechos 1:3; 10:41).

(3) Arriesgaron sus vidas proclamando denodadamente la resurrección de Jesús en la misma ciudad donde acababa de ser crucificado. Su testimonio fue acreditado por miles de judíos, y allí mismo se fundó la primera iglesia cristiana.

(4) En apoyo de su testimonio, emprendieron voluntariamente una vida de abnegación, sufriendo persecución, y muriendo por fin como mártires de la verdad que predicaban.

Notemos ahora el testimonio de tres historiadores romanos que escribieron acerca de los cristianos:

(1) *Tácito*. Nació a mediados del primer siglo y en sus escritos condena al cristianismo como una nueva superstición, cuyo fundador, Cristo, fue ajusticiado como un criminal por Poncio Pilato. Dijo que esa superstición perniciosa, aunque

refrenada por algún tiempo, brotó otra vez y se esparció no sólo en Judea sino también en Roma.

(2) *Suetonio*. Escribiendo también cerca del fin del primer siglo, habló que "los judíos cuyo líder era Cristo" habían sido desterrados de Roma. Dijo que los tales siempre provocaban alborotos, y que tenían una superstición nueva y mágica.

(3) *Plino*. (Nacido el 61 D.C.) Cuando era gobernador de Bitinia escribió al emperador Trajano describiendo así los crímenes de los cristianos: "Ellos se reúnen cierto día antes de la salida del sol, y cantan himnos a Cristo, su Dios. Entonces juran solemnemente que no cometerán ninguna maldad, ni hurtos, ni robos, ni adulterio, nunca dirán mentiras, ni faltarán en devolver una prenda."

Estos testimonios de sus enemigos prueban hasta qué punto se esparció el cristianismo antes de la muerte del último de los apóstoles. Prueban también que Cristo era una persona real e histórica y que fue adorado como Dios; y todo eso presupone la existencia de los documentos cristianos, las escrituras sobre las cuales ellos basaban su fe. Si no se presentaran los evangelios y las epístolas, bien podría preguntar cada arqueólogo sincero: "¿Dónde están los documentos cristianos?"

Se ha probado, sin lugar a dudas, que los veintisiete libros del Nuevo Testamento fueron escritos antes del fin del primer siglo. De ellos, veinte fueron aceptados por todas las iglesias desde el principio, y acerca de su autenticidad nunca hubo duda. Los siete libros restantes no fueron aceptados como inspirados en algunas iglesias al principio, pero después de un escrutinio sistemático y prolongado, estos siete libros también fueron aceptados unánimemente como parte del Nuevo Testamento por todas las iglesias cristianas.

Hemos notado cómo la autoridad del Antiguo Testamento estriba en el testimonio de Jesús mismo. La autoridad del Nuevo Testamento también descansa sobre este fundamento inmutable, lo cual se verifica en las siguientes verdades: (1) Cristo dijo a sus discípulos que él dejaría incompleta la revelación (Juan 16:12). (2) Prometió completarla después de su partida (Juan 16:13). (3) Escogió a ciertas personas para recibir el resto de sus revelaciones y para ser sus testigos, predicadores y escritores después de su ascensión (Juan 15:27; 16:13; Hechos 1:8; Mateo 28:19, 20; Hechos 9:15-17). (4) El conocía exactamente lo que ellos iban a escribir, y así podía dar a las escrituras de ellos la misma autoridad que la de sus propias palabras (Mateo 10:14, 15; Lucas 10:16; Juan 13:20; 17:20).

Eusebio escribió su *Historia Eclesiástica* a fines del siglo tercero, y es interesante notar que él aceptó los cuatro evangelios y ningún otro. El tenía amplia oportunidad de escudriñar y apoyar cualquier otro supuesto evangelio, pero los rechazó del todo, como también lo hicieron las iglesias cristianas.

Una cosa de la cual debemos acordarnos bien en el estudio de las evidencias cristianas durante los primeros siglos de esta era, es que las iglesias de aquel entonces no aceptaban cualquier escritura que apareciese. Al contrario, ellas usaban una vigilancia rígida en contra de todo fraude o impostura. Lucas dice que *muchos* habían escrito relatos de la vida de Jesús (Lucas 1:1-4). ¿Dónde están pues, esos muchos evangelios? ¿Por qué la iglesia cristiana nunca ha aceptado sino sólo estos cuatro?

La contestación a estas preguntas es que la iglesia primitiva estaba siempre alerta, y cada escrito era sometido a un minucioso escrutinio. Ellos aceptaron solamente los evangelios que demostraron ser apostólicos, es decir: Mateo, Marcos, Lucas y Juan. Ninguno de los demás fue aceptado, sino que fueron rechazados como espúreos o innecesarios. Es interesante mirar los escritos de Celso, el más hábil de los enemigos de la iglesia primitiva. Las obras literarias de él han perecido, pero mucho de lo que él escribió se encuentra en los escritos de Orígenes, el padre apostólico que le replicó. En ellos se ve que Celso no usó como blanco de sus ataques ninguna otra escritura sino estos cuatro evangelios.

Así, toda esta evidencia cumulativa durante dos siglos después de la escritura de los cuatro evangelios demuestra claramente que una gran multitud de los mejores y más inteligentes hombres de esa época creían firmemente que los apóstoles eran testigos fidedignos, y sus escritos inspirados por Dios.

Hasta aquí, hemos presentado solamente los testimonios acerca de los cuatro evangelios, pero podemos aplicarlos igualmente a todos los demás libros del Nuevo Testamento. Alguien ha dicho: "De Asia, de África y de Europa, de judíos, de gentiles y de hombres de toda condición de vida, recibimos el testimonio siguiente: 'Creemos en estos hombres y en sus escritos.'"

Resumiendo, podemos decir que:

(1) Existe un libro que se llama el Nuevo Testamento.

(2) De este libro se puede extraer un sistema de religión enteramente nuevo con respecto a su objeto de culto y a sus doctrinas, que son distintas de otras y superiores a las de cualquier otra religión.

(3) Se puede construir de ese libro un sistema de ética en el cual se omite todo precepto moral que está basado en principios falsos, y se eleva todo precepto moral que esté basado en la razón a un nivel de pureza y perfección más alto que el de cualquier otro sistema.

(4) Un tal sistema de religión y ética no pudiera ser la obra de hombres; por consiguiente, debe haber tenido su origen en DIOS.

En cuanto a los escritores del Nuevo Testamento, se puede demostrar (1) que todos los historiadores confirman que los apóstoles *sufrieron;* (2) que sufrieron *conscientemente;* (3) que sufrieron *a causa de su testimonio;* (4) que los eventos de los cuales ellos testificaban eran *milagrosos;* y (5) que esos eventos son los mismos que se relatan en el Nuevo Testamento.

De este modo, se establece una fuerte cadena de evidencia de que hombres honrados, inteligentes, sencillos y devotos, arriesgaban y aún daban sus vidas en apoyo de los eventos milagrosos que "entre nosotros han sido ciertísimos". ¡Gloria a Dios por esta certidumbre! (Lucas 1:1).

Los eventos de la vida de Cristo y sus apóstoles no acontecieron en un rincón, sino que estuvieron abiertos para todo el mundo. Los apóstoles aventuraron su todo sobre la certidumbre de esos hechos y miles de sus contemporáneos los apoyaron. No hay otros escritos de la antigüedad que tengan tantas evidencias convincentes como el Nuevo Testamento.

CAPITULO 15

LA CONVERSION DE SAULO

Antes de dejar nuestro estudio de los milagros del Nuevo Testamento, vamos a dedicar un capítulo al milagro espiritual que siempre ha tenido el lugar de preeminencia entre todos los demás. Dos hombres de Inglaterra, Gilbert West y Lord Lyttleton, querían destruir el cristianismo con argumentos irrefutables. Ambos tenían dinero para viajar y una determinación indomable de probar que la fe cristiana era totalmente falsa. Se dieron cuenta que si se podía negar con argumentos científicos la resurrección de Jesús y la conversión de Saulo, lograrían su intento.

Estos dos jóvenes, pues, hicieron un convenio. West escogió la resurrección de Jesús y Lyttleton la conversión de Saulo como blanco de sus ataques. Iban a tomar un año para sus viajes e investigaciones minuciosas, y prometieron reunirse en Inglaterra para comparar sus conclusiones al fin del año.

Al pasar el plazo señalado, los dos se reunieron conforme a lo acordado. West dijo a su amigo con algo de titubeo: "Tengo que confesarte que mis investigaciones acerca de la resurrección de Jesús no resultaron como había esperado. En vez de ser confirmado en mi ateísmo, cada día de viaje y de estudio me hizo avergonzarme más de mi incredulidad, y ahora creo firmemente que en verdad Jesús resucitó de entre los muertos, y deseo ser uno de sus discípulos."

Grande fue su sorpresa al ver una sonrisa de consuelo en lugar de enojo en la cara de su amigo. Lord Lyttleton confesó también que todas sus investigaciones le habían convencido de la realidad de la conversión de Saulo; y ambos se convirtieron en fieles siervos y testigos de Jesucristo hasta el fin de sus vidas.

Saulo era un hombre joven, honrado, inteligente, bien educado, discípulo de Gamaliel, el fariseo célebre de Jerusalén. Nació en Tarso, la gran ciudad de Cilicia en Asia Menor, donde su padre era un judío fiel que había recibido los privilegios de la ciudadanía romana (Hechos 21:39; 22:25-29). Saulo era un fariseo fanático, activo y ferviente, y vino a ser miembro del concilio del Sanedrín. Era muy sincero en la ley de Moisés, y resolvió exterminar la religión cristiana, a la que él consideraba una herejía perniciosa.

El no sólo perseguía a los cristianos en Jerusalén. He aquí su testimonio al respecto: "Yo encerré en cárceles a muchos de los santos, habiendo recibido poderes de los principales sacerdotes; y cuando los mataron, yo di mi voto. Y muchas veces, castigándolos en todas las sinagogas, los forcé a blasfemar; y enfurecido sobremanera contra ellos, los perseguí hasta en las ciudades extranjeras." (Hechos 26:10, 11).

Nunca hubo ni habrá hombre con más odio al mero nombre de Jesús que Saulo. ¿Qué fue, pues, lo que lo cambió en un momento? ¿Qué le hizo abandonar todos sus esfuerzos en contra de los cristianos? ¿Qué le transformó de un perseguidor rabioso en un seguidor humilde y devoto del despreciado Nazareno? ¿Qué convirtió al enemigo más feroz en el misionero más consagrado que ha tenido el cristianismo? No hay hombre en toda la historia con un carácter más puro, más sincero, más consagrado, ni más humilde que el de Pablo; aun sus mismos enemigos jamás hallaron falta en él. Su vida como cristiano no es la de un hombre alucinado ni la de un loco fanático. Tanto de sus escritos como de sus sermones y de toda su conducta, podemos probar su cordura, su inteligencia, su veracidad y su sentido común.

Es evidente, pues, que no estaba alucinado ni se había vuelto loco, y lo que le cambió fue descrito por él mismo de esta manera: "Pero aconteció que yendo yo, al llegar cerca de Damasco, como a mediodía, de repente me rodeó mucha luz del cielo; y caí al suelo, y oí una voz que me decía: Saulo, Saulo, ¿por qué me persigues? Yo entonces respondí: ¿Quién eres, Señor? Y me dijo: Yo soy Jesús de Nazaret, a quien tú persigues. Y dije: ¿Qué haré, Señor? Y el Señor me dijo: Levántate, y ve a Damasco, y allí se te dirá todo lo que está ordenado que hagas." (Hechos 22:6-8, 10). Saulo *vio a Jesús glorificado,* y esa visión le cambió.

La mayor parte del libro de los Hechos se ocupa de los triunfos del evangelio predicado por Pablo en todas partes del mundo entonces conocido (Colosenses 1:5, 6, 23). Sus epístolas a las iglesias gentiles, todas escritas antes de los evangelios, nos prueban que él había recibido lo que llama "mi evangelio" (Romanos 2:16) no de hombre alguno, sino por revelación de Jesucristo (Gálatas 1:11-24). "La teología paulina, esta teología de un fariseo convertido, es la prueba más fehaciente del poder universal y completo por sí mismo de la influencia de la persona de Jesucristo" (Harnack).

Existen cuatro teorías que podrían explicar la conversión de Saulo (1) Que era *impostor,* predicando lo que sabía ser falso, con la intención de engañar a sus oidores. (2) Que era *entusiasta,* engañándose a sí mismo por el ardor de su imaginación. (3) Que era *engañado* él mismo por el fraude de otros, y que todo lo que predicaba se debía al poder engañador de ellos. (4) Que en verdad él *vio a Jesús*, y que esa visión gloriosa efectuó el cambio milagroso en él, lo que prueba terminantemente la verdad de toda la religión cristiana.

En consideración de estas posibilidades, podemos notar:

(1) Que no era impostor, porque no existe *motivo* alguno para que él emprendiese tal impostura, tampoco hubiera podido lograr el intento por los métodos que él usaba. Recordemos que:

(a) Una impostura se motiva por una esperanza de ganancia o por la satisfacción de algunas pasiones; y no hubo tales motivos en Saulo.

(b) Una impostura tan tremenda no hubiera podido ser efectuada por un solo hombre, teniendo en contra la política y el poder del magistrado; el interés, la reputación y la sutileza de los sacerdotes; los prejuicios y pasiones del pueblo; y la sabiduría y orgullo de los filósofos.

(2) Que no hubo en Pablo los ingredientes de los cuales se compone el entusiasmo:

(a) Ardor de las pasiones; (b) melancolía; (c) ignorancia; (d) credulidad; y (e) arrogancia.

Por la ausencia de estas cosas en él, podemos ver que no era entusiasta.

(3) Que era moralmente imposible que los discípulos de Jesús acometieran la empresa de cambiar a su enemigo por medio de un fraude. Juntamente con ello, les era físicamente imposible lograr tal intento, si lo hubieran concebido. El representaba todo el poder eclesiástico de los judíos, no sólo en Palestina, sino en todos los demás países, mientras que los cristianos eran por aquel entonces un grupo pequeño, perseguido, maltrecho y despreciado por todos.

(4) Queda, pues, la última de las teorías, probada y bien confirmada. Saulo vio a Jesús resucitado, y esta visión le cambió de perseguidor en seguidor. Su conversión ha influido en las corrientes de la historia hasta el día de hoy.

CAPITULO 16

LA EVIDENCIA DE LA HISTORIA

La cruz de Cristo es el evento central de toda la historia, y proyecta su sombra atrás y adelante sobre todos los siglos de la existencia de la raza humana. Los que vivieron durante los cuatro mil años antes de la cruz fueron salvos por su virtud, mirando *adelante*, al sacrificio prometido. Todos los que han vivido después de la venida de Cristo han sido salvos mirando *atrás* a la expiación hecha en la cruz por Jesucristo el Salvador.

Por medio de la historia de la iglesia cristiana en los dos milenios pasados podemos sacar una evidencia poderosa acerca de su valor en el mundo. El cristianismo es *practicable*, y lo podemos probar por sus resultados. Su crecimiento no ha sido mecánico sino espiritual, y como alguien bien ha dicho: "Construir una casa es una cosa, pero se requiere más tiempo para que crezca un árbol; y construir un hombre es otra cosa, que requiere mucho más tiempo." El desarrollo de la Iglesia no se hace de afuera, como esculpir una estatua de un bloque de mármol, sino que se hace de adentro, por medio de la operación del Espíritu de Dios en los corazones y vidas de los cristianos.

Hemos visto ya que durante la vida de Pablo, antes del año 60 D.C., el evangelio fue predicado en todas partes del mundo entonces conocido (Colosenses 1:6, 23). Tuvo que confrontar el antagonismo de los judíos, el desprecio de las gentes de cultura, las burlas de los filósofos, y toda persecución que Satanás pudo levantar en contra de la Iglesia en todos los países. A pesar de todo, y aun cuando miles de cristianos fueron martirizados por su fe, la sangre de los mártires ha sido la semilla de la Iglesia en todas las edades.

El evangelio de Jesucristo ha probado tener capacidad para hacer frente a todas las formas de oposición, ha demostrado que puede satisfacer las necesidades espirituales de toda clase de hombres; nunca ha retrocedido ante los climas, los gobiernos, ni las condiciones sociales o raciales, sino que ha tenido en todos los siglos una fuerza interior que le ha permitido salir triunfante. Ha habido tiempos de decadencia y obscuridad, cuando la lámpara de la verdad parecía estar en peligro de ser apagada, pero siempre ha tenido Dios sus siervos fieles escondidos, y al fin la luz ha resplandecido más que nunca.

El apóstol Pablo, por su predicación inspirada, ha sido llamado el creador de la Europa moderna. Mucho debe también Europa a Agustín, Clemente, y Orígenes en el principio; y después a Martín Lutero y sus colaboradores en la Reforma del siglo XVI, después de los siglos de oscuridad bajo el gobierno de la iglesia de Roma.

"Lutero dio una nueva dirección al desarrollo subsiguiente de la vida europea. Fue el amo de su edad, y convirtió sus mejores fuerzas en una expresión nueva e importantísima. Escribir la historia de la Reforma y dejar a Lutero fuera del relato es imposible. Concediendo que en el movimiento estaban interesadas grandes ideas, éstas estaban sin embargo centralizadas en la personalidad más fuerte de aquel tiempo, y por medio de esa intrépida fortaleza fueron impresas esas ideas con energía elemental en la imaginación y en el corazón de Europa" (Gordon). Vemos que en todas las edades Dios tiene su hombre, y por medio de él la antorcha es levantada y pasada a otros.

Los esfuerzos de enemigos que intentaban siempre destruir al cristianismo pueden muy bien ejemplarizarse en la personalidad del emperador Juliano, quién inició la persecución más severa, y que en su rabia y encono semejaba a Saulo de Tarso. Sin embargo, por cada uno que mataba, diez nuevos cristianos se levantaban. Se dice que uno de los cortesanos preguntó en tono de burla a un ministro: "¿Qué está haciendo ahora tu hijo el carpintero?" y que el cristiano replicó: "Está haciendo en este momento un ataúd para tu emperador." Juliano nunca fue convertido, pero dicen que murió exclamando: "¡Oh Galileo, tú has triunfado!"

Algunos historiadores han intentado probar que el crecimiento del cristianismo se debió a causas naturales, pero eso nunca podrá probarse. La única causa es el poder sobrenatural de Jesucristo, la influencia de sus enseñanzas sobre los hombres, y la potencia de su sangre preciosa para lavarlos de sus pecados y hacerlos nuevas criaturas por el nuevo nacimiento. Nótese lo que él ha hecho en la condición del niño, de la mujer y del esclavo. En cada uno de esos casos de crueldad indecible en siglos pasados, dondequiera que ha resplandecido la luz del evangelio, toda la crueldad y opresión han desaparecido.

"La característica sobresaliente de la civilización antigua es que el estado lo era todo, el individuo nada. Ahora, al contrario, el valor del individuo está transformando lentamente nuestros ideales en la vida política, económica y religiosa. En el estado el derecho a votar, en el mundo industrial el derecho a una oportunidad, y en la esfera religiosa libertad para adorar a Dios, son los ideales. Libertad, igualdad, fraternidad, eran ideas extrañas al mundo antiguo; también el derecho de todo hombre para contarse como uno, y el derecho de ningún hombre para contarse como más de uno. El hombre en el mayor estado de barbarie es todavía un hombre; el hombre en la posición más alta no es más que un hombre" (Mullins).

Podemos notar ahora la factibilidad del cristianismo en la obra misionera, que es su interpretación verdadera. Comenzó entre los judíos, un pueblo fanático y exclusivo. Jesús había dicho a sus discípulos que saliesen por todo el mundo y predicasen el evangelio a toda criatura, pero estúdiese Hechos 10 para ver cuán difícil era que Pedro siquiera entrase bajo el techo de un romano; y en el capítulo 11 vemos cómo fue criticado por otros cristianos por haberlo hecho. Léase Hechos 11:19-24; 13:1-4, 46-49. En todos los viajes misioneros de Pablo vemos cómo él iba demostrando que el evangelio era un mensaje *universal*. Después de su muerte, desde Roma, el centro del mundo, se esparció el cristianismo en todas partes de la tierra. Este puñado de predicadores —fanáticos, locos, en opinión del mundo— salieron para obedecer el mandato de su Maestro.

El espíritu que animaba a los misioneros en todas las edades se describe así: "El amor de Cristo nos constriñe... somos embajadores en nombre de Cristo, como si Dios rogase por medio de nosotros; os rogamos en nombre de Cristo:

Reconciliaos con Dios... No damos a nadie ninguna ocasión de tropiezo, para que nuestro ministerio no sea vituperado; antes bien, nos recomendamos en todo como ministros de Dios, en mucha paciencia, en tribulaciones, en necesidades, en angustias; en azotes, en cárceles, en tumultos, en trabajos, en desvelos, en ayunos; en pureza, en ciencia, en longanimidad, en bondad, en el Espíritu Santo, en amor sincero, en palabra de verdad, en poder de Dios, con armas de justicia a diestra y a siniestra; por honra y por deshonra, por mala fama y por buena fama; como engañadores, pero veraces; como desconocidos, pero bien conocidos; como moribundos, mas he aquí vivimos; como castigados, mas no muertos; como entristecidos, mas siempre gozosos; como pobres, más enriqueciendo a muchos; como no teniendo nada, más poseyéndolo todo" (2 Corintios 5:14-21; 6:3-10).

"El misionero debe tener cuatro pasiones: (1) una pasión por la verdad; (2) una pasión por Cristo; (3) una pasión por las almas de los hombres; y (4) una pasión por la abnegación" (Pierson). En este espíritu, miles de los testigos del Señor han salido a todas partes del mundo, hasta los últimos confines de la tierra. Por falta de espacio no podemos mencionar sus nombres, pero en la segunda venida de Cristo brillarán como el resplandor del firmamento, y como las estrellas a perpetua eternidad.

Las evidencias cristianas se ven no sólo en las multitudes de almas ganadas por Cristo, sino también en las obras literarias de sus ministros. La Biblia o partes de ella han sido traducidas a más de mil idiomas, y más de cuatro millones de esas porciones son distribuidas cada año en los campos misioneros. Hay miles de orfanatorios, escuelas, y otras instituciones también, donde el espíritu cristiano es manifestado proveyendo cuidado a los cuerpos y las mentes de los que necesitan al Salvador y Sanador.

El gran crecimiento en el número de creyentes en los varios campos misioneros es un testimonio que no se puede refutar. En los 200 años entre 1500 D.C. y 1700 D.C. se convirtieron más almas que durante los primeros mil años. Durante la primera mitad del siglo veinte, el número de cristianos en el mundo se ha duplicado, y se dice que en los noventa años pasados el cristianismo ha ganado casi tres veces más que lo que hizo durante los primeros mil quinientos años.

Es triste confesarlo, sin embargo, todos los esfuerzos misioneros no han podido alcanzar el aumento de la población del mundo. A pesar de todas las almas ganadas, más de la mitad de los habitantes de esta tierra el día de hoy yacen en tinieblas espirituales, sin Dios y sin Cristo. La única esperanza del mundo está en la segunda venida de Cristo. El vendrá a reinar, y entonces todo lo malo será quitado y serán establecidas la justicia y la paz.

"Será echado un puñado de grano en la tierra, en las cumbres de los montes; su fruto hará ruido como el Líbano, y los de la ciudad florecerán como la hierba de la tierra. Será su nombre para siempre, se perpetuará su nombre mientras dura el sol. Bendita serán en él todas las naciones; lo llamarán bienaventurado. Bendito Jehová Dios, el Dios de Israel, el único que hace maravillas. Bendito su nombre glorioso para siempre, y toda la tierra sea llena de su gloria. Amén y amén" (Salmo 72:16-19).

CAPITULO 17

ALGUNAS DIFICULTADES BIBLICAS

1. *La mujer de Caín* (Génesis 4:17). Muchos de los enemigos principian sus acusaciones en contra del evangelio preguntando dónde encontró Caín su esposa. Sin duda él se casó con una de sus hermanas, porque muchos hijos e hijas nacieron de Adán y Eva después de la muerte de Abel.

2. *El sepulcro de Abraham* (Génesis 23:15-17; 33:19; 49:30-32; 50:13; Josué 24:32; Hechos 7:15, 16). Comparando cuidadosamente todos estos pasajes, vemos que según Génesis 23 Abraham compró un sepulcro en Hebrón llamado la cueva de Macpela, juntamente con el campo y todos sus árboles. Allí Abraham, Sara, Isaac, Rebeca, Jacob y Lea fueron sepultados. De Hechos 7:16 vemos que Abraham compró otro sepulcro en Siquem, que no está mencionado en Génesis. Allí fueron

sepultados José y sus hermanos. En Génesis 33:19 vemos que Jacob también compró un campo en Siquem —probablemente el mismo campo en medio del cual su abuelo Abraham había comprado ya un sepulcro— y a ese campo se hace referencia en Josué 24:32; Génesis 48:22; Juan 4:5, 6.

3. *Faraón endureciendo su corazón* (Exodo 4:21). En el principio Faraón endureció su propio corazón (Exodo 7:14; 8:15, 32), y luego el amor y la paciencia de Dios resultaron en hacerlo más y más duro, mientras Dios en su misericordia le perdonaba y le daba repetidas oportunidades de arrepentirse. La gracia de Dios es como el sol, que resplandece sobre todos por igual (Mateo 5:45). Los mismos rayos cayendo sobre una masa de mantequilla la derriten, y sobre una masa de barro la endurecen más y más.

4. *Faraón no se ahogó en el mar Rojo* (Exodo 14:8-10, 17, 18, 26; 15:19; Deuteronomio 11:4). El ejército era de Faraón; y es la costumbre universal hablar de lo que hace un ejército como los actos de su rey, pero muy raras veces va él en persona con ellos. En la Segunda Guerra Mundial veíamos los reportes de que "Hitler invadió Rusia", o "Hitler conquistó tal o cual ciudad", cuando todos sabían que él no iba personalmente con sus ejércitos. La momia de este mismo Faraón está preservada hasta el día de hoy y se puede ver en el museo de El Cairo, Egipto; y los arqueó-

logos nos dicen que esa momia *no* fue hallada en la orilla del mar Rojo.

5. *La mujer cusita de Moisés* (Números 12:1). Séfora no era en verdad cusita (es decir, de Africa) sino hija del sacerdote de Madián, una de las tribus semitas descendientes de Abraham (Exodo 2:16, 17). Pero es probable que María hubiera tenido una riña con ella y la llamaba "cusita" por rencor — tal vez con respecto a su tez morena.

6. *Balaam el profeta asalariado* (Números 22:1-5, 12, 19; 25:1-9; 31:16; Deuteronomio 23:4; Josué 13:22; Miqueas 6:5-8; Pedro 2:15; Judas 11). Un estudio de estos pasajes probará que Balaam no era pagano sino un profeta de Jehová que vivía en Petor, a la orilla del río Eufrates. Balac, rey de Moab, sí era pagano; pero él tenía fe en las maldiciones de Balaam y quiso alquilarle para maldecir a Israel. Al principio Dios dijo claramente a Balaam que no fuese a Moab, pero él tenía su mente puesta en la ganancia, y los premios ofrecidos por Balac le cambiaron de un adorador de Jehová en uno que conspiraba contra él. Dios le hizo pronunciar las bendiciones elocuentes de Números 23 y 24, pero después este mismo profeta sugirió a Balac el plan infernal de seducir a las doncellas israelitas por medio de las fiestas idolátricas de Moab, y Balaam mismo fue muerto en el juicio severo que siguió.

7. *La plaga de Baal-peor* (Números 25:1-9;

1 Corintios 10:8). No hay contradicción aquí, aunque muchos lo afirman. Pablo dice que veintitrés mil fueron ejecutados por el juicio de Dios *en un solo día;* mientras que mil más murieron después, haciendo el total de veinticuatro mil, como lo registra el libro de Números.

8. *La inocencia de David* (2 Samuel 22:20-27; Salmo 18:20-26). Muchos han explicado esta protesta de inocencia diciendo que David era comparativamente inocente, y que no vivía una vida de maldad ni de idolatría. Pero en vista de sus grandes crímenes —que no tienen excusa posible— esta explicación no nos satisface. Probablemente David estaba muy sorprendido y humillado cuando el Espíritu de Dios le inspiró a escribir estas palabras, y él mismo tuvo que buscar su explicación.

El Señor nos enseña aquí una profunda verdad, y es que el perdón y la bendición no se pueden conseguir sino después de una expiación. El Dios justo tiene que castigar el pecado, y solamente por un sacrificio perfecto se puede hacer la expiación. Este cántico de David es mesiánico: describe a la raza humana hundiéndose en torrentes de iniquidad, clamando a Dios y siendo rescatada por la venida de su Hijo unigénito, el Mesías prometido. El no sólo libra al pecador de las muchas aguas y le pone en salvo, sino que también le viste de la perfecta justicia de CRISTO que aquí está descrita.

9. *El censo de David* (2 Samuel 24:9; 1 Crónicas 21:5). La diferencia en las cifras se explica así: en todo Israel hubo 1.100.000 contados, y entre ellos 800.000 eran "soldados valientes". Del mismo modo en Judá hubo 500.000, mientras los soldados eran 470.000. Es probable que todos los contados eran capaces de "sacar espada", o de edad militar, y que el número menor en ambos casos representaba a los que realmente estaban en el ejército en aquel tiempo.

10. *La era de Arauna* (2 Samuel 24:24; 1 Crónicas 21:25). David compró la era y los bueyes el mismo día por cincuenta siclos de plata; y después consiguió todo el sitio, que comprendía todo el monte de Moriah, por seiscientos siclos de oro, un precio mucho más grande.

11. *Los espíritus malos usados por Dios* (Jueces 9:23; 1 Samuel 16:14; 1 Reyes 22:22, 23; Job 12:16; Ezequiel 14:9; 2 Tesalonicenses 2:11). Al estudiar todos estos pasajes, debemos recordar que Dios no es el autor del mal, sino que él hace todo lo que puede para retraer al hombre de sus malos caminos, sin forzar su libre albedrío. Los escritores de la Biblia hacen referencia a la soberanía de Dios, cuando permite las actividades de los espíritus malos, como si fuera él quien las instigase. Lo cierto es que ellos siempre querían elevar los pensamientos del hombre al dominio absoluto de Jehová en su universo, y al hecho

de que él es poderoso para guardar y ayudar a los suyos que confían en él.

Al mismo tiempo, es claro que cuando los hombres, de su propio albedrío escogen el camino de Satanás, Dios los deja ser tentados, engañados y llevados al infierno por el guía que ellos mismos han escogido, como hizo con Faraón. Muchas veces él profetiza en su Palabra el fin de los caminos de ellos, que él conoce por causa de su presciencia; y su tratamiento con ellos se puede resumir en las palabras de 1 Reyes 12:15: "Era designio de Jehová para confirmar la palabra que Jehová había hablado."

12. *Las imprecaciones de los Salmos.* Léanse los Salmos 7, 35, 59, 69 y 109. En estos Salmos se ve un espíritu de venganza, de maldición y de enemistad que es contrario a las enseñanzas del Nuevo Testamento. La explicación consiste en que los santos del Antiguo Testamento no hacían distinción entre el pecador y su pecado, y creían que porque Dios aborrece el pecado, él odia también al pecador. Creían que ellos también tenían que hacerlo (Salmo 139:21, 22). Jesús enseñó a sus discípulos a amar al pecador, mientras aborrecían sus maldades (Mateo 5:38-48). Nosotros debemos hacer lo mismo, y aplicar todas las imprecaciones de los Salmos al pecado, o a Satanás. Muchas de ellas son profecías de lo que Dios va a hacer al anticristo.

13. *El campo del alfarero* (Mateo 27:9, 10; Za-

carías 11:12, 13). Nótese que Mateo no dice que Jeremías escribió la profecía de la compra de este campo, sino que él *habló*. En Jeremías 18:1-4 tenemos la narración de una visita del profeta a la casa del alfarero; y es probable que Jeremías en aquel tiempo habló lo que Zacarías escribió después bajo la dirección del Espíritu Santo.

14. *Los que volvieron del cautiverio.* Tenemos dos listas de los judíos que volvieron de su cautividad en Babilonia, una en Esdras 2 y la otra en Nehemías 7. Los enemigos de la Biblia ponen mucho énfasis en el hecho de que las listas no son idénticas, y proclaman que la Biblia se contradice a sí misma. La primera lista fue hecha por Zorobabel en Babilonia, y alistó a todos los que se reunieron para volver a Palestina. Es posible que algunos fueran detenidos en el último momento, y puede ser también que algunos murieran en el largo camino de varios meses. También es posible que otros vinieran y se juntaran a la caravana en el último momento, después que se había hecho la lista.

De todos modos, parece que la segunda lista fue el registro *corregido* de los que realmente llegaron a Jerusalén, y cuyas genealogías fueron aceptadas por las autoridades. En Nehemías 7:5, 64 vemos cuán celoso era Esdras por su nación, exigiendo que cada judío pudiera probar su genealogía para ser aceptado como miembro del pueblo escogido.

CAPITULO 18

LA EVIDENCIA DE LA EXPERIENCIA

Hemos estudiado algo de la experiencia del apóstol Pablo, y en otros capítulos hemos notado varias veces la evidencia poderosa que tenemos cuando podemos decir a un incrédulo: "Una cosa sé, que habiendo yo sido ciego, ahora veo." Siendo ésta la evidencia más poderosa, que nunca se puede negar ni contradecir, vamos a meditar en ella un poco más en éste nuestro último capítulo, para fortalecer nuestra fe y habilitar aun a los que son niños en Cristo a ser testigos valientes de él.

El apóstol Juan cita su propia experiencia cuando dice: "Lo que era desde el principio, lo que hemos oído, lo que hemos visto con nuestros ojos, lo que hemos contemplado, y palparon nuestras manos tocante al *Verbo* de vida (porque la vida fue manifestada, y la hemos visto, y testificamos, y os anunciamos la vida eterna, la cual estaba con el Padre, y se nos manifestó); lo que hemos visto y oído, eso os anunciamos, para que también vosotros tengáis comunión con nosotros; y nuestra comunión verdaderamente es con el Padre, y con su Hijo Jesucristo" (1 Juan 1:1-3).

Policarpo, discípulo de Juan y después obispo de Esmirna, expresó su testimonio así antes de su martirio: "Oh Señor, Dios Todopoderoso, Padre de tu amado y bendito Hijo Jesucristo, por quien hemos recibido el conocimiento de ti, el Dios de los ángeles y de las potestades y de toda criatura, y de toda raza de los justos que viven delante de ti, te doy gracias porque me has considerado digno de este día y de esta hora, para tener parte en el número de tus mártires en la copa de tu Cristo, para la resurrección en la vida eterna, tanto del alma como del cuerpo, por medio de la incorrupción impartida por el Espíritu Santo, entre quienes ojalá sea aceptado ante ti en este día como un sacrificio rico y aceptable según tú, el fiel y verdadero Dios, lo has predestinado, lo has revelado de antemano y lo has cumplido ahora.

"Por lo cual también te alabo por todas las cosas, te bendigo y te glorifico junto con el eterno y celestial Jesucristo, tu Hijo amado, por quien a ti, con él y el Espíritu Santo, sea la gloria ahora y por todos los siglos. Amén" (Wace).

Estas últimas palabras del anciano obispo merecen atención especial. El había servido al Señor Jesucristo por más de ochenta años con toda la devoción de su ser, había sufrido muchas persecuciones, y ahora estaba a punto de ser echado a las fieras. Pero sus palabras no son las de un seguidor alucinado de fábulas ingeniosas. Al contrario, son una canción de victoria, llena de esperanza y de confianza firme que pronto iba a ser coronada con la gloria eterna.

Martín Lutero, el gran reformador de Alemania, escribe así de su propia experiencia en el evangelio: "En cuanto a mí mismo, aun cuando no puedo vanagloriarme de un gran acopio de esta gracia (porque siento profundamente mi estrecha deficiencia) confío sin embargo en que de las grandes y variadas tribulaciones bajo las cuales me he sentido, he adquirido de la fe un cierto dracma; y que puedo por lo mismo hablar de ella, si no con más elocuencia, sí con más substancialidad que cualquiera de aquellos sutiles eruditos que lo han hecho hasta aquí en todas sus laboriosas disputas."

El doctor Brown, citando los testimonios de unos científicos acerca de su fe en Jesucristo, exclamó: "Tal testimonio iguala en valor a volúmenes de argumentos."

A los que buscan a Dios y sienten necesidad de un Salvador, no es nuestro primer deber exhortarles a usar sus poderes intelectuales e inves-

LA EVIDENCIA DE LA EXPERIENCIA

tigar las evidencias cristianas. ¡No! Lo primero es decirles: "Gustad, y ved que es bueno Jehová; dichoso el hombre que confía en él" (Salmo 34:8). Cuando Natanael preguntó a Felipe con incredulidad: "¿De Nazaret puede salir algo de bueno?" la respuesta fue: "Ven y ve." Todos los que han venido a Cristo con arrepentimiento y fe han hallado en él todo lo que anhelaban o necesitaban para esta vida y para la eternidad. "Y creyeron muchos más por la palabra de él, y decían a la mujer: Ya no creemos solamente por tu dicho, porque nosotros mismos hemos oído, y sabemos que verdaderamente éste es el Salvador del mundo, el Cristo" (Juan 4:41, 42).

"El investigador encuentra la verdad cuando encuentra a Cristo; su pesquisa por la verdad continúa después de eso tras el significado de Cristo. La fe no es la antítesis del pensamiento, sino sólo de la vista. La fe es un acto de la voluntad que nos relaciona con nuevas realidades, nuevos objetivos. Actúa como si estuviera presente el Cristo invisible, y no te encontrarás con la vacuidad" (Mullins). Procuramos pues, traer a cada alma, sea grande o pequeña, a un contacto personal con Cristo. "De modo que si alguno está en Cristo, nueva criatura es; las cosas viejas pasaron; he aquí todas son hechas nuevas" (2 Corintios 5:17).

Un borracho consuetudinario fue convertido y se regocijaba en su Salvador. Cuando un compañero ateo le dijo que esa nueva religión era un engaño, el cristiano contestó: "Gracias a Dios por el engaño; él ha vestido y calzado a mis hijos, y les ha dado pan. Ha hecho de mí un hombre, y ha puesto gozo y paz en mi hogar, el cual había sido un infierno. Si éste es un engaño, ojalá que Dios lo mandara a los esclavos del vino en todas partes, porque su esclavitud es una espantosa realidad."

El doctor Mullins hace notar cuatro cosas que vemos siempre en la evangelización, y que prueban el poder del mensaje:

(1) Gana hombres a la vida religiosa por la predicación.

(2) La predicación de un conjunto de verdades, todas las cuales están conectadas con Cristo.

(3) La producción de resultados inmediatos en la conversión de los hombres.

(4) La permanencia de los resultados morales así obtenidos es la prueba de la realidad de la transformación moral efectuada en la conversión.

Todo el poder está en Cristo, y sólo por él se consigue el éxito.

Así hemos visto que en la esfera intelectual, en la esfera moral, en la esfera espiritual, en la dirección de la vida práctica, y en la historia de la iglesia, CRISTO es el todo y en todos. Todas las teorías, conjeturas e hipótesis de los hombres han fracasado, pero él siempre logra la victoria.

David describe de manera hermosa el resultado de su investigación de las evidencias en el mundo interior: "Jehová, hasta los cielos llega tu misericordia, y tu fidelidad alcanza hasta las nubes. Tu justicia es como los montes de Dios, tus juicios, abismo grande. Oh Jehová, al hombre y al animal conservas. ¡Cuán preciosa, oh Dios, es tu misericordia! Por eso los hijos de los hombres se amparan bajo la sombra de tus alas. Serán completamente saciados de la grosura de tu casa, y tú los abrevarás del torrente de tus delicias. Porque contigo está el manantial de la vida; en tu luz veremos la luz. Extiende tu misericordia a los que te conocen, y tu justicia a los rectos de corazón" (Salmo 36:5-10).

Nos agradaría recibir noticias suyas.
Por favor, envíe sus comentarios sobre este libro
a la dirección que aparece a continuación.
Muchas gracias.

Editorial Vida
7500 NW 25 Street, Suite 239
Miami, Florida 33122

Vidapub.sales@zondervan.com
http://www.editorialvida.com

www.ingramcontent.com/pod-product-compliance
Lightning Source LLC
Chambersburg PA
CBHW010918040426
42444CB00016B/3439